LIAOZHE TIANR
JIAO YUWEN
——YUWEN JIANGOUSHI
DUIHUA JIAOXUE LILUN JI SHIJIAN

聊着天儿教语文

——语文建构式对话教学理论及实践

赵慧 著

教育科学出版社
·北京·

序　言

新时期呼唤新的语文教学范式

　　语文教学不乏模式、方法、派别，但多数的模式、方法以及"这派""那派"基本停留在经验层面的归纳，是在局部做边边角角的改变，或者在艺术化的层面做文章，很难从宏观层面真正触及语文教学的根本规律。可以说，我们的语文教学还是习惯于在"暗胡同里摸索"，拘囿在经验上"盲人摸象"，不能走出"少慢差费"的怪圈。赵慧老师的《聊着天儿教语文——语文建构式对话教学理论及实践》没有满足于一般性的模式和方法的提炼，而是从"范式转换"的角度提取模型，直抵语文教学的本质性规律，试图破解语文教学的难题，从根本上释放语文课程的活力。这需要理论上的建树，也需要更多实践上的勇气和智慧。

　　"范式"是科学哲学家库恩提出的一个重要概念，已由最初的自然科学领域延伸应用到各个知识领域。库恩的范式一方面代表着某一科学共同体的成员所共同分享的信念、价值、技术以及诸如此类东西的集合，另一方面又指集合中的一种特殊要素——作为模型或范例的具体解决问题的方法。库恩认为，当旧的范式不能很好地解释和解决科学研究中一连串新事实与新问题时，就会发生结构性的、整体性的"范式转换"，接纳新的更有解释力的新范式，如新的问题、新的理论、新的方法、新的研究范例等。语文教学的范式转换和时代的变迁、技术的革新以及教育的转型紧密呼应。按库恩的观点，新的范式总是在不断接纳新的问题、新的理论、新的方法、新的研究范例的过程中得以正式确立。21世纪初，我国展开第八次基础教育课程改革，在近二十年的时间里，先后颁布两版义务教育语文课程标准和三版普通高中语文课程标准，语文教材根据课程标准进行了相应的重编和修订，中高考语文命题也做了协同的改进与探索。这些新的理论、文件、方法等不断凝聚起语文教育共同体成员所共同分享的信念、价值、技术以及解决问题的模型、范例等，蕴蓄和呼唤着写作课程范式新的转换。赵慧老师敏锐把握教育改革发展的趋势，基于建构主义理论，在建构式对话教学的语文教学范式的理论和实践上做出积极而富有成效的探索。

赵慧老师的建构式对话教学不是泛泛地谈对话、谈教学，而是赋予"对话"丰富而深刻的内涵。其一，强调教师和学生、学生和学生之间的主体对话，在平等而不是被动接受中，学生以语言的理解和应用，释放生命力，确证自我，体现人生的价值和意义；其二，强调在不同应用场景与学习情境中的语言理解和运用，学生在探究真实学习任务的过程中，学会学习、学会做事、学会交往与生存。在本书中，赵慧老师系统地回答了建构式对话教学理论以及实践的问题，不但回答了为什么提出建构式对话教学，而且对建构式对话教学是什么、如何做等进行了逻辑谨严的阐释和模型分析，使建构式对话教学这一语文教学范式具有极强的实践属性和应用价值。特别是该书对教学目标、教学内容、教学方法、教学评价的建构策略，均结合具体案例做了细致分析，为一线教师的教学实践提供了很好的启发。

赵慧老师不但是一位优秀的语文教师，而且是一位优秀的校长，也许正是优秀校长的视野和思维，使她能跳出语文看语文，跳出语文教学的模式，以范式观来改造语文教学，因此，她的建构式对话教学也就具有了不凡的格局和气象。希望赵慧老师和她的团队在实践中不断完善建构式对话教学，为语文教育事业的繁荣和发展做出更大的贡献。

北京市教育学会语文教学研究会理事长、

中国教育学会中学语文教学专业委员会副理事长　李卫东

2021 年 1 月 18 日

前　言

伴随着新课程改革的浪潮和"互联网+"时代的来临，传统的语文教育教学方法已经不再适用，因此，我想结合现阶段语文教育教学的背景、问题以及我三十年的从教经历，通过本书系统地介绍一种新型的语文教学模式。

在多年的语文教学实践中，我发现很多时候，语文教师不但没有成为学生学习语文的引导者和帮助者，反而成了学生和语文之间的"第三者"。语文教师横亘在学生和文本之间，横亘在学生和真实可感的生动的语言、文学现象之间，用语文教师的人生体验和阅读体验，去代替学生的独特感受和真实感悟。在这样的语文课堂和语文学习中，学生丧失了学习语文的兴趣，语文课堂成了教师一人表演的舞台。语文教师为了完成语文教学任务，不得不向学生灌输大量的语文知识和语文感悟，不得不与学生进行一种"猫鼠游戏"，这当真是"当无趣遇上了无奈"。所以，在三十年的语文教学实践中，我一直在思考，如何能帮助学生，让他们主动去学语文、爱语文。这是我进行语文建构式对话教学的初衷。于是我大量阅读、学习了中西方关于教学模式的理论成果与实践成果，我发现，真正有效率的教学其实都是学生的"学"带动教师的"教"，学生在这个过程中是主人翁的角色，教师更多是学习的支援者和方向的引导者。因此，我将众多研究成果和我自己多年的教学体验沉淀成一种以学生为主体的、能够实现师生平等对话的新型语文教学和学习模式，我称它为"语文建构式对话教学"。起初，这个概念只有一个雏形，它来源于建构式教学、对话教学、生成性教学等理论，在一线教学过程中，我不断利用这种教育理念指导我的教学实践，并且用它来回拨、丰富我的教学实践，形成我自己的风格。就这样，我逐步搭建起语文建构式对话教学理念和实践的立体模型。

在本书中，我将系统介绍语文建构式对话教学的理论与实践过程。在绪论部分，我将详细梳理现阶段语文教育教学的现实和理论背景，从这两个视角出发阐述我为什么要建构这个理论来指导自己的教学实践。同时，也从理论和现实的视角论证了这种新型教学模式的巨大作用和价值。这一部分回答了"为什么"的问题，阐释了我为什么要发展语文建构式对话教学这一理论和教学实践。第一章是对已有研究情况的梳理，我通过对相关理论进行横向、纵向研究，对建构式对话教学的内涵、研究现状、发展历程及其周边理论进行深入了解，向读者全方位展示建构式对话教学的理论构成、基本特质和未来研究走向。第二章主要回答语文建构式对话教学"是什么"的问题，呈现的是语文建构式对话教学全过程的整体规划和具体样态，分别从确定学生学习的起点、教学目标的调整、教学内容的选择、教学策略的使用以及教学评价的生成几个环节进行论述。在对具体样态呈现的过程中，我也结合了我的实践案例，希望读者能够更为直观地掌握这种新型语文教学模式。第三章主要回答语文建构式对话教学"怎么办"的问题，我结合自己的语文教学实践，仍旧从语文教学活动的几个环节入手，提出具体的、可操作的一些策略，让这一理念真正"落地"。第四章是我对现阶段语文建构式对话教学的一些反思，主要包括目前实践中出现的一些现实问题、解决策略和未来发展的方向。

希望本书中关于语文建构式对话教学的相关介绍能让更多的读者与同行对这一理念和模式有所了解，帮助语文教师转变观念，尤其是青年教师，他们还处于"我要教给学生点什么"的阶段，本书所提倡的平等对话等观点能够帮助他们迅速建立"学生真正需要的语文是什么"的教学思维路径，努力与学生共同构建该模式下的语文教学新生态。而对于语文教育研究者，我也希望本书中的观点能够

为他们提供一些材料和依据，丰富语文教学模式的研究成果。我还希望通过广大
语文教育工作者和同行的努力，间接提升学生的学业成就和素养。因为，学生才
是语文教育和语文学习中最重要的角色！

目 录 / CONTENTS

LIAOZHE TIANR
JIAO YUWEN
——YUWEN JIANGOUSHI DUIHUA
JIAOXUE LILUN JI SHIJIAN

绪　论

为什么提出语文建构式对话教学?

我做语文教师已经有三十年的光景。伴随着新课程改革的浪潮和"互联网+"时代的来临，我发现传统的教育教学方法已然不再适用。在我的语文教师职业生涯中，随着教育改革的推进以及社会的进步，传统的语文教师单向输出的教学模式早就应该被淘汰，取而代之的应该是教师与学习者的密切合作和相互支持，师生共同在轻松的对话中完成语文学习任务。这也进一步导致传统课堂中预设的教学目标和教学活动不再完全适应学生的语文发展需求。在这个过程中，我发现教师和学生可以一起生成、建构语文学习的全过程。

基于对众多理论的学习和三十年的语文教学经验，我认为语文建构式对话教学是一种在师生关系平等的前提下，立足课堂语言实践，师生共同创建知识体系、经验策略、思想方法的教学理念，具有生成性、平等性、互动性、参与性、开放性等特征。

"保姆式""权威式"语文课堂已成历史

"春蚕到死丝方尽，蜡炬成灰泪始干""弟子事师，敬同于父，习其道也，学其言语……忠臣无境外之交，弟子有束脩之好。一日为师，终身为父"讲的都是我们潜意识里和认知中好老师的品质，但一定程度上，其实也反映了"保姆式""权威式"教师的教学。语文学科是学习主体对语言现象、文学作品、文化内涵等诸多方面的独特化感受，而语文教师总想成为学生和这些现象之间的"第三者"，企图用自己的阅读感受和人生体验代替学习者的个体化感受甚至包办了学生学习的过程。在这种情况下，看似负责的语文教师其实并没有帮助学生实现他们对某一方面学习主题的深入掌握，学生所获得的经验都是语文教师的经验，获得的感受也都是语文教师的感受，看似大量的时间、精力的投入，换取的只是低效的语文学习。所谓"权威式"教学，指教学中教授者利用自己在知识上的权威地位，在课堂上向学习者完全灌输所传授的知识，学习者机械被动接受的教学行为。这也是现阶段绝大多数语文教师使用的教学方法，他们希望通过自己的单向输出，使学生迅速对教学内容有比较全面和深入的掌握。不过这就使语文课堂毫无活力，学生在学习过程中掌握不了自我学习的主动权，甚至也不曾获得发表自己独特观点的权利，只能够机械地记忆语文教师传授给自己的知识。久而久之，学生就会对语文学习失去信心和兴趣。

新课程改革对语文教师的巨大挑战

新一轮课程改革对教师的专业素养提出了更高的要求。教育部于 2011 年颁布《教育部关于大力加强中小学教师培训工作的意见》（简称《意见》），对教师的专业素养提出了更高的要求。《意见》明确指出，教师是课程的具体实施者与构建者，这就需要教师不断地进行专业发展。

在本次新课程改革中，语文教师面临四个方面的巨大挑战：第一，随着《普通高中语文课程标准（2017 年版）》的颁布以及新一轮义务教育语文课程改革，语文教师需要以学科核心素养为指向，通过语文教学实现学生在语言建构与运用、思维发展与提升、审美鉴赏与创造、文化传承与理解四个方面的提升。这就需要语文教师尝试建构开放多元的语文课程、教学体系。第二，语文教材的正确解读与合理化使用对语文教师也提出了更高的挑战。语文教材的选文兼具民族性、时代性和多样性等特点，编排方式多样，需要教师对教材有较为深刻的解读能力。同时本轮课程改革提倡引导语文教师带领学生进行整本书阅读，这就需要教师充分利用课外资源，无疑也对语文教师的专业知识和课程设计能力提出了更高的要求。部编版语文教材的使用以及大量校本教材的研发和合理使用工作也落在了一线语文教师的肩上。语文教师除了要成为一线的语文教学实践者，也要时刻将自己作为语文教育理念的先行者来看待。第三，语文作为一门学习母语的学科，还需要语文教师在传统与现代、继承与创新之间找到平衡点，既要遵循语文教学的历史发展规律，又要符合现代社会的价值取向；既要体现母语的本土化价值，又要正确面对文化冲突。① 同时，在这一过程中，语文教师还要善于处理语文学科与其他学科之间的良性互动关系，既要保证语文的学科体系和学科价值，又要积极地和其他学科沟通，为学生营造多元的学习情境，实现其综合素养的提升。第四，"互联网+"语文时代的来临对语文教师原有的知识体系和传统的师生模式产生了巨大的冲击和挑战。在"互联网+"语文教学的背景下，教师的知识权威性受到了颠覆式的挑战。学生可以通过众多网络渠道获取知识和信息，语文教师再也无法利用信息差来掌控学生的语文学习。因此，语文教师应该如何在语文线上学习的浪潮中调整自己在语文学习生态中的位置和价值，如何更好地处理师生关系的变化就显得尤为重要。

建构式对话教学的理论尚未成型

通过对相关文献和资料的搜集、整理、统计得知，目前学界尚未对建构式对话教学这一理论有明确和清晰的表述。建构式对话教学这一概念是融合建构式教学、对话教学、生成性教学、后现代教育理念等众多教育教学理念而创生的一个新型的教育教学模式。本书除了对建构式对话教学这一理论、概念做出历时和共时的整理、概述之外，也会结合语文学科的理念、性质、内容、教学方法等诸多内容，对语文建构式对话教学的相关理论和具体教学实践予以全方位呈现。

---

① 李怡，彭冠龙. 传统与现代的理性连接：论语文教材编排与传统文化教育 [J]. 语文建设，2015（16）：12-14.

对于相关教育理论的研究较为笼统

建构式对话教学来源于建构主义教学、对话教学、生成性教学等众多教育教学理论和模式，学界目前对于这些理论和实践的研究还处于较为笼统的阶段。绝大多数研究都集中在对理论的历时梳理上，即使近些年有从学科视角出发对上述教育理论和教育模型进行实践性探索，这些探索也都处于起步阶段，仅是对某一个学科内部的教学内容或教学主题进行实践性阐释，鲜有将某一理论、模型与某一个学科的整体架构结合，并且做到通过大量的实践案例对理论的细节进行合理阐述。因此，我希望全面呈现建构式对话教学理念指导之下的语文教育的整体架构，并且借助案例将语文建构式对话教学理念落地。

语文建构式对话教学的价值

对语文建构式对话教学的研究源于我对语文教育教学中的现实问题和理论研究的困惑，那么对于这种新型的语文教育教学模式和理念的价值及意义的探讨，我们也可以从现实和理论两个方面进行。

提升学生学习语文学科的兴趣

语文建构式对话教学在充分保证学生主体学习地位的基础上，强调师生平等对话。在这一过程中，学生获得极高的参与感，因为他们可以参与语文课程教学目标的设定、教学内容的选择、教学的评价等各个语文教学和学习环节。学生的参与感保证了他们拥有极大的学习动机和学习兴趣，他们乐于参与其中，才会有进一步提升语文核心素养的可能。同时，学生获得较大的自主权和表达权，他们的思维和学习成果都可以呈现，个性化的感悟也得到了教师和其他同学的认可，自然会对本学科的学习产生更为浓厚的兴趣，从而形成了良性循环。语文建构式对话教学给学生探索语文世界和外部世界以无限可能。在语文建构式对话教学的实践中，师生共同突破知识的界线和语文学科的界线，一起找寻解决现实中语文问题的策略，在这个过程中，学生运用的不只是语文学科的能力和知识，还会向外部世界和其他学科寻求帮助，这种开放式的学习思路和课堂让他们真正乐在其中。

促进学生的学业和非学业成就

语文建构式对话教学可以极大地促进学生学习语文的兴趣，为其提升语文核心素养提供了可能。学生在他们真正感兴趣的教学内容中遨游、在最真实可感的语言情境中体验、在最开放民主的语文课堂中展现自我……看似轻松的语文学习活动，实现了学生对语文学科内容从记忆到应用再到创新的迁移。那么，语文学业成就的提升也是自然而然的结果。在完成学习任务的基础上，更为重要的是，学生对语文学习充满了热情和主观能动性，他们在面对复杂的语文问题和复杂的生活情境时，能够最大限度地调动自己多方面的能力，保持独立思考，寻找解决问题的有效策略。这种在非学业上的表现对于学生的个人成长和发展来说是更为重要的。

全面提升语文教师的综合素质

语文建构式对话教学赋予了学习者更多的权利，教师的任务看似没有比在传统课堂里繁重，但实际上需要完成的指标更多。首先，需要教师从根本上思考师生关系。语文建构式对话教学强调师生之间的平等对话和真诚交流。语文教师如果只看其表不顾其里，可能偶尔在课堂上与学生对话，尊重学生的意见和建议，做一些形式上的努力，但本质上还是没有思考师生互动关系的变革。其次，教师要时刻注重提升自己的专业能力，补充专业知识，"互联网+"教育模式的到来对教师原有的知识体系和框架提出了革新的要求，语文教师不再是知识的掌控者和权威者。在语文建构式对话教学的实践中，学生的自主学习空间和自主展示空间更为宽广，这对语文教师的临场应变能力提出了更高的要求，而临场应变能力是基于教师专业技能的提升而不断增强的。因此，语文建构式对话教学会反向推动教师学习，尤其是推动他们的非正式学习，使之自主成为"终身学习者"。最后，语文教师尤其要提升自己的评价能力与生成性能力。在整个语文教学活动中，要能够随时把控学习者的学习情况和学习进展，发现他们的学习问题，并且也要在授课中随时对各种情况进行监控，并能够迅速做到对预设的教学内容和教学策略进行调整，也尽可能做到在合适的时机为学习者提供合适的学习支架，帮助他们完成对学习内容的意义建构。

对语文课程顶层设计进行反拨

我们期望通过对语文建构式对话教学的实践探讨和理论建构对学校的教学管理与语文课程顶层设计进行反拨。本书将针对现有语文教育教学实践中存在的相关问题，结合语文建构式对话教学的理论与原则，以我的教学实录为样例，提出语文建构式对话教学的合理路径和相关策略。综观语文教育教学的全过程，我们希望与读者共同探讨如何在语文教学实践中应用建构式对话教学。实践的推动，加之理论的建构，在一定程度上给学校、教育科研机构进行语文师资培训、备课等正式学习活动以启示，在未来的语文正式学习和非正式学习的实践中，科研工作者可以利用语文建构式对话教学这一理论模型和实践探索，为更多的一线教师提供教学理念上的指导、教学策略上的培训等。同时，更为重要的是，语文建构式对话教学的相关实践经验也为学校语文课程设计与教学管理工作提供了借鉴，获得了更多学校教师的支持，更容易进入语文教师的课堂。

第一章

建构式对话教学理论概述

第一节　对话教学

西方对话教学的发展

"对话的英文词'Dialogue'来源于希腊文'Dialogos'一词，……'Dialogos'含有'意义之流动'的意思。"① 对话指意义可以通过"语流"进行传递。对话教学的理论在西方起源较早，主要在哲学领域，国外学者关于对话的研究可追溯到古希腊时期。苏格拉底的"产婆术"被认为是对话理论的雏形。苏格拉底为了带领学生探讨问题、探寻真理，将自己比作产婆，采用诘问的形式让学生参与讨论，最终引导学生不断生成有关某个问题的答案或思路，而不是直接将答案告诉学生。"产婆术"是西方教育界最早的启发式教学方法，它借助"对话"加强了师生之间的交流，构建了对话教学的雏形。说它是"雏形"，是因为苏格拉底的对话教学只停留在运用层面，并未站在第三方视角对这种教学方法或教学模式的作用进行探讨，但是这种对话理念对后世教育教学产生了极大的影响，为对话理论的诞生奠定了强有力的基础。到了18世纪，西方学者开始将关注重心转移到研究对话主体之间的关系上，试图从哲学的角度挖掘对话双方的依存价值。德国哲学家雅各比（D. Jacoby）关注到"你""我"之间的不可分割性，认为所有确定性的根源就在于——"你在并且我在"，"没有'你'，'我'是不可能存在的"。我们可以看到，到了18世纪，虽然对话理论在西方仍处于雏形阶段，但是学者们已经开始从哲学的视角思考对话中主体的关系和对话的全过程了。

对话理论发展到19世纪末20世纪初，开始作为一种独立的理论出现。

---

① 米靖. 论基于对话理念的教学关系 [J]. 课程·教材·教法，2005（3）：20.

这一时期，巴赫金首先从语言学和社会学的角度将"对话"与"独白"进行分割，他反对被动地解释语言，主张对语言进行动态分析，强调人类语言具有内在对话性和双向交流性，人的存在依赖于与他人的联系和交往，对话是人存在的本质属性。直到 20 世纪中叶，对话哲学才开始兴起，在这场持续了近半个世纪的哲学对话中，逐渐形成了广泛参与、思想纷呈、视角各异的对话哲学流派。① 马丁·布伯（M. Buber）成为这一时期对话主义的集大成者，他在坚持关系主体论的基础上指出："关系是相互的，切不可因漠视这点而使关系意义的力量亏蚀消损。"他阐述了"我—它"关系向"我—你"关系转移的必要性以及"我—你"关系的直接性和交互性，强调了人与人之间的精神相遇价值。② 我们可以看到，对话理论在这一时期更为强调人与人之间的关系，以及在对话中这种关系是作为一种意义存在的。

　　20 世纪中期开始，对话理论开始从哲学领域发展至教育学领域并产生了极大的影响，众多学者都对这一理论与教育教学的结合极为重视。在这一阶段，学者们对对话教学的理论有了较为全面和立体的认知，并从该理论出发，结合教育实践，重新解释了教育、教学的全过程。巴西教育家保罗·弗莱雷（P. Freire）站在解放思想的视角对传统灌输式教育进行了批判，他主张教育活动应具有对话性质，认为学习和认识过程离不开对话，对话具有不可或缺的价值。在弗莱雷看来，对话教学优于灌输式教学，对话与交流相互依存，有交流才能有真正的教育。③ 日本学者佐藤正夫通过阐述对话教学的起源、过程、性质，赋予了对话作为一种有效教学方法的积极意义。④ 佐藤学则做了更为详细的分析，他尤其重视对话在学习活动中的地位，认为对话是学习的重要方式。他认为学习就是牵涉"同客体的对话、同自己的对话、同他人的对话"三个维度的对话实践，他提倡构建三位一体的对话性关系，认为对

① 萧净宇. 巴赫金语言哲学中的对话主义 [J]. 现代哲学，2001（4）：63-66.
② 布伯. 我与你 [M]. 陈维纲，译. 北京：生活·读书·新知三联书店，1986.
③ 弗莱雷. 被压迫者教育学 [M]. 顾建新，赵友华，何曙荣，译. 上海：华东师范大学出版社，2001.
④ 佐藤学. 学习的快乐：走向对话 [M]. 钟启泉，译. 北京：教育科学出版社，2004.

话不仅可以关照到学习者，还可以解构语言的限制，进行教学变革。^①由此，对话理论彻底走进了教育教学领域，引导着众多研究者对教学和学习中的多元关系进行更深刻的思考。此外，这一阶段的很多观点虽未直接阐述有关对话教学的观点，但本质上都是有关该理论在教育学领域的实践。比如，斯坦赫尔（S. Stahl）和克拉克（C. Clark）进行了对话教学的实证研究，他们证明了师生讨论这种教学方式在课堂教学中具有减轻学生的被动性、减少学生对记忆过分依赖的优势，指明了教师和学生之间、学生和学生之间对话交流的必要性。霍姆斯（R. Holmes）则从思维发展的方面入手，证明了课堂教学中的讨论促进了不同观点的形成和争论，有助于促进学生思维的成熟和发展。^②

21世纪以来，西方学者从对对话教学理论的探讨转向对其应用的反思。在这一阶段，对话教学被广泛应用在各个学科和学段的教学中，因此，他们开始对对话教学在实践中出现的问题进行反思并且据此提出一些合理的策略。同时，也有很多研究者开始研究新兴技术和新型教学模式下的对话教学。比如，哈贾尔（M. Hajar）探讨了科学课堂对话教学对教学效果的影响。他以初中生为研究对象，采用质性教学法，对科学课堂对话教学的各个方面进行了详细的分析。在对教学对话分类的基础上，他以模式的形式对对话教学的各个环节进行分析和解释。这项研究有效地帮助了教师反思课堂，修改课堂设计。

综上所述，国外学者关于对话教学的研究起源较早，经历了一个由浅显到逐步深化、从单个领域逐步扩展到多个领域、从理论探讨到实践反思的渐进过程。国外学者更关注探讨对话的价值，注重丰富对话教学的理论支撑，这些都能给我国学者带来启示。

---

① 佐藤学. 学习的快乐：走向对话 [M]. 钟启泉，译. 北京：教育科学出版社，2004.
② 高文. 现代教学的模式化研究 [M]. 济南：山东教育出版社，2000.

我国对话教学的发展

我国的对话教学可以追溯至春秋时期，通过对话，孔子与弟子交流思想，对话的内容有对人生道理的讨论，有对社会状况和教育规律等的领悟等。同时，孔子虽然没有明确提出"对话教学"这一概念，但是"不愤不启，不悱不发"的教学原则却蕴含着对话教学的思想。师生之间进行有效的对话，通过对话彼此相互理解、相互沟通，达到"启"与"发"的目的。反之，教师和学生不能进行有效的沟通，也就不可能在理解的基础上进行有效的教学，自然也达不到"启"与"发"的目的。这其实是一种平等对话的教育教学理念，教师在教学中应该与学生处于平等的沟通视角，教师并非单向地对学生进行知识性的输出，教师的教学和学生的学习是一种相互促进的状态，这也符合孔子"教学相长"的思想。这是我国对话教学理论及实践发展的雏形。

我国关于对话教学的研究始于 20 世纪 90 年代中期，在 20 世纪末完成立体的理论构建和实践探索，研究主要集中在对话教学的意义、内涵、内外部关系、存在的问题、模式、策略等方面。

我国多数学者认为"对话"这种方式早已突破了哲学等领域的局限，已经作为人类的生存状态而存在。对话教学中的"对话"既是手段也是原则，他们聚焦于对话教学的划时代价值，透过教学的目的、伦理、方式、思维等追溯、反思对话在时代发展、教学活动中的革命性变化。[①] 张增田、靳玉乐认为对话教学是"一种新的教学形态"，认为它是以"沟通性""对话"为本质的教学，在详细论述对话教学的目的观、过程观、师生观、评价观的基础上，强调对话教学对时代精神、人性关怀的价值追求。[②] 张华认为对话教学是对学生主体说、教师主导说、讲授教学论的根本超越，它是一种崇尚关

[①]　刘庆昌. 对话教学初论 [J]. 教育研究，2001（11）：65-69.

[②]　张增田，靳玉乐. 论新课程背景下的对话教学 [J]. 西南师范大学学报（人文社会科学版），2004（5）：77-80.

系价值和关系认知，追求欣赏、尊重和差异的话语实践，具有创造变革、丰满人性、批判性民主的实然价值。① 申燕则是从更为宏观的角度探讨了对话教学的内涵、意义，她认为对话教学是以平等、尊重和宽容等理论价值为前提，对话者在教学实践中进行的有效沟通和合作。她还论述了对话教学作为"教学技术"向"教学精神的对话"转变的价值取向，强调对话教学是理论和实践上的双向革命，具有伦理、思维、教学方法、实践形态等方面的深层意义。②

关于对话教学内涵的研究，国内学者虽然提出了不同的看法，但是大同小异，存在很多本质上的共通之处。张增田、靳玉乐认为，对话教学是一种尊重主体性、体现创造性、追求人性化的教学，教师与学生的主体地位能得到尊重，有益于培养教师与学生在教学中的生成性思维和创造性的品质。③ 张华认为，对话教学是师生在互相尊重的基础上，通过交流与合作创造知识的实践。这种实践的目的在于使人们拥有独立的人格，进行自由思考，使批判性思维得到发展。④ 杨成认为，对话教学是对话主体在一定的氛围中，通过对话实现思维同步和情感共鸣，从而生成新的实践活动的教学。⑤

我们可以看出，学者们虽然对对话教学有着不同的认识，但是他们都承认对话教学是一种推动师生平等对话的教学方式和模式，也可以促进师生关系，增强学生多方面的成就感。

对话教学内部关系的研究主要围绕教师和学生而展开，学者普遍认为对话教学不仅体现了知识传递方向性的变化，而且是对传统"单向性"师生关系的撬动，同时反映了师生关系的改变。李森和吉标认为师生对话既能促进

①④ 张华. 对话教学：涵义与价值 [J]，全球教育展望，2008（6）：7-16.

② 申燕. 对话教学：价值意义与实践关照 [J]. 教育理论与实践，2015（16）：59-62.

③ 张增田，靳玉乐. 论新课程背景下的对话教学 [J]. 西南师范大学学报（人文社会科学版），2004（5）：77-80.

⑤ 杨成. 中学英语对话教学模式研究 [D]. 重庆：西南师范大学，2004.

师生的共同发展，使教学关系发生变革，还能加强教学和生活的联系。①

关于对话教学问题与策略的研究更是方兴未艾，很多学者在对大学科范畴内的问题和策略进行探讨的基础上，开始对不同学科、不同学段中的具体问题和具体方案进行论证。张增田认为，对话教学在实践中存在四种突出的问题：一是对话与讲授的对立；二是教学目标的迷失；三是虚假对话的存在；四是对话与现实生活相脱离。针对这四种突出的问题，他主张教师要从理论联系实际、注意课堂弹性、增强对话驾驭能力三方面进行深刻反思，不断提高教师自己对对话教学的深刻认识。② 王天平详细地分析了对话教学存在的内涵模糊、目标局限、准备不够、操作不规范等几种表现，建议从主体平等、话题共鸣、情境开放、沟通顺畅、理解加深几方面正本清源，回归对话教学本身。③ 孙艾君通过整理和总结已有的调查研究以及课堂教学案例，了解和掌握了对话理论在初中语文阅读教学中的运用现状，发现对话式阅读教学中存在如下问题：一是课堂对话形式化，缺失情感；二是对话中忽视了教师的主导作用；三是教师拒绝真正的对话；四是对话中主体性的缺失；五是缺失教学重点的泛对话。问题主要产生于教师、学生、教育评价机制三个层面。通过对存在问题的分析，她找到了正确运用对话理论，提升语文阅读教学效率的研究方向，分别从教师和学生的角度提出解决问题的思路和相关对策，主要包括：运用多种对话形式，创造对话机会；找准角色定位，创建对话平台；提高教师专业素养，提供科学引导；完善评价机制，提高教学质量等策略。④

近年来，关于对话教学模式的研究，我国学者基于大量的对话教学实践案例，梳理出对话教学的相关模型。朱德全、王梅在分析对话教学表征因素

---

① 李森，吉标. 师生对话的特点及意义 [J]. 西南师范大学学报（人文社会科学版），2004（3）：88-91.

② 张增田，靳玉乐. 论新课程背景下的对话教学 [J]. 重庆：西南师范大学学报（人文社会科学版），2004（5）：77-80.

③ 王天平. 论对话教学低效性的病理与纠偏 [J]. 课程·教材·教法，2012（11）：10-15.

④ 孙艾君. 对话理论在初中语文阅读教学中的运用 [D]. 贵阳：贵州师范大学. 2019.

和关键要素的基础上，建构了由内到外、由表及里的四阶段模式，即激发动机、理解问题、对话讨论、评价反馈，认为这是一个层层促进、不断深化、不断发展的模式。① 郑珠、张宏伟、魏钧等人通过定性研究方法，列举了教学实践中对话教学的案例，借此探讨了对话教学的实践操作价值，提出了一套以学生导向、情景设计、独立探索、知识建构为主的教学模式。② 金琦钦等人借助劳里劳德（D. Laurillard）的会话框架理论，论述了获取型学习的对话教学模式和协作型学习的对话教学模式。在获取型学习的对话教学模式中，"发现与讲解"式比"双重讲解"式的效果更好；在协作型学习的对话教学模式中，同伴、教师、学生之间共同理解、彼此连通，有力地促进了教学活动的开展和进行。③ 不仅在基础教育中，还有学者从高等教育领域入手，对对话教学进行了分析。如安世遨提出了"3 阶段—6 对话—26 要素"的对话教学新模式，这个模式包括师生对话、生本对话、生生对话、反思对话等一系列过程，他主张在尊重学生差异性和多样性的基础上，将对话教学运用在高校教学活动中，努力创造百家争鸣的对话氛围，通过对话教学实现高校师生关系的本质性变革。④ 除此之外，对话教学也广泛应用于众多学科中。

综上所述，国内学者关于对话教学的研究十分充分，其研究领域覆盖基础教育、高等教育以及特殊教育等多个领域，同时针对对话教学的理论和实践做出了广泛和深入的探讨，并且对现实中出现的问题进行了回顾和反思。从这些趋向可以看出，对话教学在我国呈现出迅猛发展的趋势，为学者对其做持续研究奠定了基础。

---

① 朱德全，王梅. 对话教学的模式与策略探析［J］. 高等教育研究，2003（2）：82-86.
② 郑珠，张宏伟，魏钧. 对话教学的基本构想与实现形式［J］. 内蒙古师范大学学报（教育科学版），2011（8）：140-143.
③ 金琦钦，等. 对话教学过程与原则新探：论劳里劳德会话框架的要义及启示［J］. 课程·教材·教法，2017（11）：33-39.
④ 安世遨. 基于案例的大学对话教学模式设计与应用策略［J］. 中国高教研究，2017（3）：83-87.

第二节　建构式对话教学

建构式对话教学是一种在平等的师生关系下，立足课堂语言实践，师生共同创建知识内容、经验策略、思想方法的教学理念。本节会对建构式对话教学理论的形成基础和基本特点做详细论述。

建构式对话教学的理论基础

建构主义

建构式对话教学理论首先来源于建构主义理论。建构主义理论是在批判客观主义理论和传统教学存在的弊端与缺陷的基础上发展起来的。最早提出建构主义思想的学者是瑞典著名心理学家皮亚杰。他在深入探讨和研究儿童认知心理发展理论的基础上，逐渐形成了别具特色的建构主义思想和观点。他提出儿童是通过与外部世界接触、通过主客体之间的相互作用，逐步建构起关于外部世界的知识，从而使自身认知结构得到发展。继皮亚杰之后，维果茨基、布鲁纳、杜威、科尔伯格、斯滕伯格等人也都从不同的视角诠释了建构主义的思想和观点。虽然他们关注的重点和诠释的角度各不相同，但都强调了四个关键要素，即学生、教师、教材、媒体。在建构主义理论中，学生不再是知识的被动接受者、机械记忆者和权威的盲目信奉者，而是知识的主动建构者和信息加工者，是整个学习过程的主体，他们可以通过自己的方式和思路对信息、知识进行加工、处理；教师在这个过程中不再是知识的单向传播者，其权威性受到了巨大的挑战，他们是学生的学习支援者和方向的引导者。甚至在很多情况下，他们与学生一样，是学习者。教材等众多学习内容也不再是固定不变的、死板的，其意义和价值也不是由其自身属性决定的，而是由学习者对它的建构和生成决定的。学习者通过对已有经验的链接和新知识的加工，赋予了教材等学习内容新的意义和新的价值；而媒体不仅仅是教师传播知识、技能的途径和方法，还是师生对信息进行搜索、对知识进行挖掘、对意义进行建构的认知工具。教师与学生共同通过对媒体的运用共同创建新的、真实的、生动的学习情境，更有效地学习。

建构主义教学理论之所以受到全世界学者的广泛关注，是因为与传统的教学模式和理念相比，它拥有完全不同的知识观、学习观和教学观。

建构主义的知识观认为，知识是学习者在对话性实践中主动建构的结果，知识只不过是人的心灵意识对整个外在世界做出的理解或意义建构。它内化于人的心灵，是主动创造的结果，而不是外界塑造的结果。建构主义知识观的核心思想是知识是学习者在对话性实践中积极主动建构而形成的结果，是学习者通过不断对新、旧经验之间相互作用建构起来的。知识是人对世界的理解和意义建构的结果，具有情境性、社会性、不确定性、复杂性、开放性和发展性等特点，是价值与意义负载的。[①] 建构主义肯定了个体对知识建构的主观性、主体性和主动性，强调了这种开放性的、包容的、发展性的知识观具有深远的积极作用。[②]

建构主义的学习观认为学习实质上是一种主体对客体的意义建构，主张以"建构"的观念取代传统的把学习看作是一种"反映"的观念，这样更能揭示和体现学习的本质特征。学习者不是被动的知识和信息的接收者，也不是被动地接受他人传递的知识和意义，而是主动的信息意义的建构者，是以已有的经验为基础，通过与外界的相互作用而积极主动地建构新知识，具有主动建构性、双边互动性和社会情境性[③]。

建构主义的教学观认为教学是一种支持和培养学生学习的活动[④]。建构

① 李方，刘晓玲. 教学中的建构主义：高校教学理念的转换 [J]. 高教探索，2003（4）：45-48.
②③ 徐建华. 共建式高校课堂生态环境研究 [D]. 哈尔滨：哈尔滨师范大学，2016.
④ 胡雁. 从客观到建构：高校课堂教学范式及其变革研究 [D]. 长沙：湖南大学，2017.

主义的教学观强调整个教学过程时刻以学生为中心，并且该观点强调学生的个性化发展，认为每一个学生在实际学习中都会有自己独特的知识经验和情感经验，因此，建构主义教学理论指导下的教学实践应该从每一个学生的认知和实际的学习情况出发，帮助学生对某一个知识体系或某一个学习主题形成意义建构。

后现代知识观

传统教学与建构式对话教学分别建立在两种不同的知识观上，前者是建立在近代机器工业基础上的现代知识观，后者是建立在知识经济基础上的后现代知识观。传统的教学形态是以现代知识观为基础，对话教学的教学形态则是在后现代知识观基础上形成的。利奥塔（J. Lyotard）在《后现代状况——关于知识的报告》中指出："知识的本质发生了变化，当前知识和科学所追求的已不再是共识，精确地说是'不稳定'。而所谓的'不稳定性'，正是悖论和矛盾论的实践应用和实行的结果。"① 这也道出了后现代知识观的基本特征。后现代知识观的基本特征首先体现在知识的建构性上。与建构主义类似的是，后现代知识观认为知识并不是一成不变、确定的，而是可以通过学习者的加工，赋予其新的内核和内涵，其特质体现在知识系统的非线性化。他们认为无论是对知识的习得还是认知的发展，都不是完全按照线性轨迹发展的，而是不断解构、推翻，再重新建构的过程。后现代知识观认为知识是多元的，也就是"一千个读者有一千个哈姆雷特"，要充分尊重个体的不同认识和不同感受。

解放教育理论

解放教育理论和实践是在 20 世纪六七十年代形成和发展的，属于后现代主义的教育观，认为关注人性化，追求完善、丰富的人性，是教育的基本价值追求，也是教育的永恒主题。教育的真正目的在于能够使人们看清他们自己和他们生活的世界，并且能够变革自己和世界，从而能够拥有更美好的生

---

① 利奥塔. 后现代状况：关于知识的报告 [M]. 岛子，译. 长沙：湖南美术出版社，1996.

活。① 解放教育理论是保罗·弗莱雷在 1970 年出版的《被压迫者教育学》中提出的。解放教育理论作为一种新的教育理念被提出，最初的目的是提升学生的批判性，解放教育的两大任务即揭示和批判。解放教育理论的倡导者弗莱雷希望教师和学生敢于对现有的知识和社会现实提出质疑，进行批判，并且积极寻求相对真实的答案的途径。更重要的是解放教育理论提倡民主、对话式的教学形式。弗莱雷认为传统教育是一种储蓄行为，在这种教育中，学生是账号，教师是存款者，师生间没有交流，学生只有耐心地接受、记忆和重复。② 这种教育教学是对人的驯化和压抑。

建构式对话教学的基本特点

创生性

创生性是相对于传统课堂的预设性而言的，指师生在已有知识和经验的基础上，通过师生、生生积极交流与对话去发现问题、分析问题，从而共同谋求解决问题的办法。③ 在传统的课堂教学过程中，教师作为信息和知识的掌握者，更希望学生按照他们所预设的学习思路和学习路径完成语文学习活动，甚至于他们对学生学习起点的判断也是在心中早已预设好的。因此，为了突破传统课堂中的预设性问题，建构式对话教学强调教学和学习全过程的创生性。

平等性

建构式对话教学遵循平等性原则，教师、学生与文本之间经历平行的教学交流过程，在课堂中教师、学生和文本都是主体间平等关系的建构者与解构者。④ 可以说，平等性是建构式对话教学最为基本的特征。因为它反映的不仅是知识传输方向的改变，而且实质上是教师对师生关系认知的巨大转变，

---

①② 靳淑梅.后现代主义的教育观：解放教育 [J].牡丹江师范学院学报（哲学社会科学版），2008（1）：95-97.

③④ 李航.外语课堂师生意义协商：互动与优化 [D].重庆：西南大学，2011.

是教师从传统课堂中"权威性"和"保姆性"的身份向一种更为民主、互动与共赢的课堂的转变。

开放性

开放性指在语文建构式对话教学的理念与指导下，语文教学与学习要充分"溶解"传统课堂中教师的权威性，保证语文教学的包容性和开放程度，在语文教学和语文学习的全过程中，教师要充分尊重、理解和接受不同的学生对不同语文学习和教学内容的个性化理解，鼓励他们对文本教学主题或者其他教学内容有更为多元、开放的理解和感悟。语文教师不再用规定的答案、固定的思路和死板的教学模式去规定学生学习语文的路径。学生对固定教学内容的理解可以是灵活的，对教学策略的选择是有主动权的，甚至他们对评价指标的建构有设计的权利，对评价方式的使用也有选择的权利。

参与性

建构式对话教学以学生为中心，在教学中运用灵活多样的教学手段，鼓励学生积极参与。如果想让学生成为学习的主体就要保证学生在整个语文学习和语文课堂中的极高参与度，只有这样，他们才能充分表达自己对某一个学习主题的真实感受，这也为语文教师进行可持续的教学评价提供了丰富的物质材料。同时，极高的学生参与度也保证了他们对语文学习的兴趣。因为在参与的过程中，他们的想法、学习成果，会得到最大限度的呈现，在这种情况下，他们会尽可能调动自己多方面的能力和资源，呈现最好的教学成果；极高的参与度扩大了学生之间的合作程度，有利于多种语文教学活动和语文学习活动的开展。

互动性

在传统的课堂教学中，教师关注的是自己的教学进度，对学生对话的丰富性和多样性并没有过多关注。在这种情况下，教师变得十分冷漠，课堂氛围也变得沉闷、死板，学生总是处于一种被压抑的状态，他们对语文学习缺乏兴趣。因此，语文建构式对话教学强调教师和学生真诚互动，这种互动不仅是他们共同对某一个学习主题和价值的建构，而且在这个过程中他们能够实现情感上的碰撞，产生共鸣，形成新的见解，共同构建生命的价值。

第三节　语文建构式对话教学

现阶段，有关语文建构式对话教学的研究寥寥无几，学者们多从语文生成性教学、语文建构式教学和语文对话教学进行论述。

语文生成性教学

语文生成性教学指语文教师并非完全依照预设的教学目标和教学环节实施教学活动，也不是任由学生的意愿决定教学活动，而是双方站在平等的立场上，在互动关系中，语文教师根据学生的实际情况，与学生共同构建语文教学的目标和教学活动。

语文生成性教学特点

根据对已有文献的梳理，我们认为语文生成性教学存在非线性、开放性、过程性等特点。

非线性，顾名思义就是从更加上位和宏观的视角出发，对语文学科的全过程进行把握，强调网状思维和整体思维。语文教学的各个环节，尤其是课堂教学环节，会生发出多种情境，语文教师无法完全按照预设的线性活动去开展教学，否则就会造成课堂的僵化和模式化。这就需要语文教师时刻把握语文学科的非线性特点，注重从整体上对语文课程、教学内容、教学方法、教学评价有总体的认知，即使在具体的实践过程中出现了一些新生成的问题，也可以随时以非线性的思维对新生成的情境进行把控。

开放性，指的是语文学科因其独特的学科属性需要更大的意蕴空间。生成性语文教学强调语文学习内容、学习思路的开阔性，学生有可生成的空间。语文教师只有善于营造开放的教学内容体系、目标体系和评价体系等，学生才有机会生发出更多的学习成果。

过程性，指语文生成性教学不以实现课前预设的目标为终点，而强调在过程中不断生成新的目标、教学内容、教学策略，并且实现对学生语文学习情况的实时评价。教师在潜意识中要明确语文生成性教学具有过程性，时刻以发展的思维去进行语文教学活动的设计。

创造性，指在师生共同参与的语文生成性学习中，因为主体的多元性和教学模式本身的开放性，使得语文生成性教学充满了创造性，碰撞出了无限可能和思维火花。在语文生成性教学中，语文教师的教学内容和教学方法由学生和教师共同生成，随机发生，这种不确定性和临时性也决定了语文教学与语文学习的丰富多彩。在课堂上生发的众多内容都可以作为语文教学的新起点，甚至学生在日常生活中的小发现都可以成为极具创造性的语文学习内容。

语文生成性教学主要研究内容

很多语文教育教学研究者都会对语文生成性教学的概念和内涵进行界定。我国最早明确提出这一概念的是华东师范大学的叶澜教授。她提出"让课堂焕发出生命的活力"的观点，从生命的层面出发用动态生成的眼光去看待课堂教学。[①] 罗祖兵指出生成性教学针对预成性教学而言，是一种新的理念，他的研究从二元对立的视角出发，对预成性教学和生成性教学进行了对比。[②] 靳玉乐和朱文辉则从哲学的视角出发去认识生成性教学，提出生成性教学并非一种具体的教学方式或教学模型，而是教师的一种价值观念和理论认知。[③] 可以说众多学者对于语文生成性教学的概念和内涵有着千差万别的认识，但

---

① 叶澜. 让课堂焕发出生命活力：论中小学教学改革的深化 [J]. 教育研究，1997 (9)：3-7.
② 罗祖兵. 从"预成"到"生成"：教学思维方式的必然选择 [J]. 课程·教材·教法，2008 (2)：21-25.
③ 靳玉乐，朱文辉. 生成性教学：从方法的惑到方法论的澄清 [J]. 教育科学，2013 (1)：19-23.

是对于语文生成性教学的特征的整理和研究多集中在非线性、开放性、过程性等方面，研究的重点也多集中在语文生成性教学的策略提出上，比如有研究者按照生成性阅读教学的准备阶段、实施阶段、评价阶段的顺序，结合课例提出小学中段生成性教学的具体操作策略，力求为小学中段的语文教师开展生成性阅读教学提供一些思路和方法。[①] 或者针对高中学段，对语文生长性教学策略的有效性进行实证研究。绝大多数学者会针对语文学科内部某一个内容领域进行研究，比如文学类文本阅读、任务型写作或个性化写作等领域。近几年，"互联网+"时代下的语文生成性课堂和语文生成性教学受到了众多学者的广泛关注。他们更为关注在智慧课堂背景下，即学生能迅速获取众多信息的背景下，语文教师如何利用线上教学的新模态去实现语文生成性教学的原有价值。他们也提出在"互联网+"语文学习的背景下，语文生成性教学如何更新原有的策略和路径。

语文生成性教学研究趋势

通过对已有研究进行梳理我们可知，语文生成性教学研究有以下趋势：首先，有关语文生成性教学的研究近年来呈现爆炸式增长。无论在学段的广度上还是在内容的深度上都在蓬勃发展，甚至很多学者将注意力转移到特殊学校或者高等教育范畴中。对语文生成性教学的广泛研究证明了众多学者和一线语文教师对这种教学模式或教学理念的认可与关注。其次，有关语文生成性教学研究多集中在语文学科内部某个内容领域，比如个性化写作或文学类阅读等，但是少有学者突破语文学科的学科壁垒和学科界限将语文学科与其他学科或将语文学科与语文学科的外部世界进行综合性研究，更多是探讨学科内容生成性教学的有效性，而少有将语文核心素养或语文学科能力作为判别语文生成性教学有效性的标准。再次，现阶段对语文生成性教学研究的调查，多存在主观臆断的问题。很多研究者企图对各个学段语文生成性教学的现状进行调查，他们采取的研究方法大多是发放自己研发的调查问卷，但是这些问卷的信度和效度并没有得到科学、有效、合理的验证，因此，用这

---

① 陈天琦. 小学中段的生成性阅读教学策略研究 [D]. 成都：四川师范大学，2017.

种方式对语文生成性教学的现状进行判别是没有理论基础和现实依据的，不具有普适性价值。最后，有关语文生成性教学的策略和建议，目前提出的有效性解决路径仍只站在教师的角度，而没有从本质上思考教师与学生之间的互动模式和师生关系。这也体现出本书的探索价值和研究价值，我们做这次研究的目的是希望教师能有所改变，在内心里对语文课堂中师生关系进行深入思考，这样才能进一步指导他们的语文教育活动和语文教学实践。

语文建构式教学

建构主义认为，知识主体在反映客观世界时，并非对事物进行原封不动的"镜面"反射，而是以其特有的经验、方式对现实事物进行选择、修正并赋予其独特的意义，因此，知识是一种解释、假设，不可能绝对精确而固定，会随着社会的进步不断变革、升华。语文建构式教学则指语文的教学和学习都存在一定的不确定性，需要语文教学者和学习者根据已有的知识经验和认知经验对新知识进行重新选择和加工，形成对该学科的独特感悟。

语文建构式教学特点

有关语文建构式对话教学的特点，研究者认为包含情境性、合作性、反思性和创造性。

情境性。在建构主义理论和原则指导下，教师应该在语文课堂中使用真实或模拟的情境。真实的、整合多种内容的情境能够帮助学生提升语文核心素养，因为语文学科本身就是人类生活发展的最真实写照。这种独特的学科属性要求教师尽可能提供真实可感的语文学习情境。学生只有在这种情境中才能更好地运用语言文字，深入感知文化。

合作性。在语文建构式对话教学中，教师应该注重师生之间的合作、讨论和协商，以及学生之间的相互合作，因为只有在合作、互动、讨论的学习环境中，教学者和学习者之间才能够有机会创生出更多的观点和火花，才能够建构不同的知识内涵和意义。在开放性和包容性极强的语文教学中，合作、探究对语文学习任务的完成有关键作用。

反思性。反思能力是建构主义学习的核心特征，这意味着学习者必须进行自我监控、自我测试、自我检查等活动，以诊断他们是否达成了学习目标。教学者和学习者也要对过程、方法、内容、策略进行不断反思和重新建构。学习者在这一过程中能够不断解构自己的思维过程和学习过程，在反思中发现自身存在的现实问题，以调整未来的学习，使其可持续。

创造性。在语文教学实践过程中，教师要鼓励学习者亲身体验，积极参与各类学习活动。语文建构式教学也鼓励语文教师利用自己的好奇心和主动性对所教学的内容进行探索。语文的教学和学习本就是一场发现生命价值和意义的旅程，在这个旅程中，教师和学生要充分发挥创造性，去探索学习材料的内涵，进而感知语文学科的情感。

语文建构式教学的主要研究内容

关于语文建构式教学的研究主要集中在建构主义理论与语文学科结合的可能性探索、语文学科内部细分领域与建构式教学结合的实证研究以及语文建构式对话教学现状的调查研究上。

建构式教学理论起源于西方，近几十年在我国才有飞速的发展，那么如何将西方的教育教学理论与我国的母语教育更好地结合在一起，很多学者进行了梳理。比如，乔艳琴在论文中提出语文学科是一个依靠内部语言和思维以及学生的主体作用不断建构的学科。同时，阅读、写作等活动也是动态的、开放性的，语文学习的全过程包含着学生的理解、诠释和对知识的价值判断等，这就与建构主义理论所提倡的知识观、学习观、教学观以及学习环境特征不谋而合。学者由此得出了建构主义学习理论与语文学科实践存在一定的契合性。

随着建构式教学理论与语文学科的广泛结合，更多学者从语文的细分领域对建构式教学理论的实践进行了探讨。比如，李倩认为现今的古诗词教学仍然存在着教学过度重视答题得分点、教学方式方法单一、学生被动接受知识、只背重点句子等问题。针对这些问题，在初中古诗词教学实践中应用建构主义学习理论，可以让古诗词的教学状况有一定的改观。① 王慧萍在吸收、借鉴前人研究成果的基础上，以建构主义理论和新课程理念为基础，试图探讨建构主义视野下的口语交际教学，并强调建构主义视野下的口语交际教学应该更强调情境、对话、合作和意义建构。在此基础上，利用建构主义教学理念的相关策略，帮助语文教师实现利用情境、协作、会话等要素，发挥学生的主观能动性，实现口语交际的学习。②

很多有关该领域的实证研究都提出了现存的问题以及可解决的策略。比如，王妍发现了在实际的写作教学过程中存在忽视学生写作的主体地位，课堂作文教学的开展缺乏开放性与活力，语文教师命题随意、缺乏新意等不容乐观的现实问题，并从建构主义的三个基本特征，即主动建构性、社会交互性、情境性出发，探讨将建构主义理论运用于初一作文教学实践中，如何体现学生主体地位，如何开展切实可行的综合实践活动以及怎样创设利于学生意义建构的教学情境等。这样的研究，丰富了语文建构式教学的理论内涵。

语文建构式教学的研究趋势

建构式教学理论与我国母语教学实践融合的广度和深度有逐渐增大的趋势。随着研究的不断展开，对语文建构式教学的研究覆盖了各个学段，从初等教育到高等教育、特殊教育、学前教育等。语文建构式教学的研究开始从理论转向实践，出现了众多的细分领域。学者主要从语文学科的内容领域划分入手，将语文学科划分层级，并提出具体的问题和解决的策略。同时，目前有关语文建构式教学的研究多以经验探索为主，缺乏比较规范的社会科学研究范式指导下的研究方法，另外，缺乏对语文学习或语文教学全过程的关注，因研究所限，我们对语文建构式教学缺乏整体的认知。

语文对话教学

在充分理解对话教学和语文教学实践的基础上，我们认为语文对话教学

---

① 李倩. 建构主义视角下初中语文古诗词教学研究［D］. 桂林：广西师范大学，2017.
② 王慧萍. 建构主义视野下的口语交际教学研究［D］. 兰州：西北师范大学，2005.

指在语文教学各个环节和各个领域中运用对话理论，在具体的教学目标和教学设计的引导下，教师与学生进行真诚、平等的对话，同时教师引导学生与文本、教材编写者、同学以及与自身对话。在对话过程中最重要的是实现多主体之间思想的相互碰撞，由此建构出语文学习的新思路和新想法。

语文对话教学的特点

通过对已有文献和研究成果的梳理，我们发现研究者将语文对话教学的特点归纳为交互性、意义生成性、多重对话性和平等性等。

交互性，指语文教学的对话不仅是参与者、交流者之间意义上的传输，更重要的是他们精神上、思维活动上广泛深入的互动。因为在众多学科中，语文学科是最能体现人文性与审美性的学科。因此，师生对话不仅是语文知识的传递，更是情感上的互动和共生。在这个过程中，教师和学生不可分割、相互依赖、共同参与，这也构成了语文对话教学的基本特点。

意义生成性，指语文对话教学促进了教学者和学习者主动的、动态的意义生成。我们知道，对话性教学强调教师和学生之间平等对话，这代表着传统的教师权威的消解。在此基础上，我们要时刻把握这种教学模式更重要的一点，就是在平等的基础上，我们不只要让学生记忆语文教材上的知识，还要帮助他们在理解原有的、固定的、死板的教学内容和教学材料的基础上，生成更加新颖的阅读体验和对文本的理解，以及其他语文学习方面的新价值。

多重对话性，指在语文教学和语文学习中，对话的主体不仅是教师与学生，还有教师与自我、学生与自我、学生与编者、学生与文本、教师与文本等。也就是说，参与语文对话教学的主体是多元的、广泛的，而不仅仅局限于教学者和学习者，只有建构了对话的多重性价值，才能够促进学习者对更为丰富的语文学习材料和更广阔的语文学习空间进行主动探索。

平等性，顾名思义，指在语文对话教学中，师生彼此尊重。教师不能以权威的姿态面对学生，这样会导致学生不会输出自己对语文学习的真实感受和思考，学生心中的思维闪光点无法显现，不能建构出语文学习的新价值与意义。同时，我们也要鼓励学生敢于表达真实的内心世界，不完全以教师的评价反馈为标准。

语文对话教学的主要研究内容

对语文对话教学实践的研究，也主要集中在语文学科各个细分领域。比如，靖云霞分析了阅读教学中对话的特点和类型，提出了当今语文教学中主要存在形式化对话、霸权式对话、缺失性对话几种不利于学生语文学习的对话形式，并提出以下几点策略：提高教师的对话理论素养、把握阅读教学中的对话技巧、创设和谐的阅读教学对话环境、明确阅读教学中的对话角色、做好阅读教学对话准备。[①] 有关该领域的研究，大多数研究者从语文教学实践中发现的有关对话教学的现实问题和解决策略入手。比如，杨柳通过对实证数据的分析，发现目前高中语文课堂对话中存在师生对话实质缺失、生本对话停留在表面、生生对话缺乏真诚、自我对话严重缺失等问题。针对这些问题，杨柳以对话理论、建构主义理论等为依据，提出以下解决方案，包括营造和谐的对话氛围，形成良好的师生关系；优化对话内容，调动学生参与对话的积极性；运用多样化的对话形式；提高教师自身教学素养；让学生回归文本；对文本进行个性化的解读；广泛涉猎；引导学生学会自我调节学习；通过写作来认识自己，发展自我话语等。[②] 也有学者认为，对话就是在语文教学过程中存在的语言和言语活动。因此，持有这类观点的学者通过对教学过程中言语活动和行为数据的收集和分析，探寻对话行为背后的教育教学理念。比如，朱呈呈观察、记录了 20 节小学语文课堂教学实况，并对学生和教师进行问卷调查和访谈，对小学语文对话教学中师生言语行为的现状进行调查。通过数据的量化分析和课堂观察的质性分析，归纳出语文对话教学存在如下现状：小学语文师生言语行为与对话教学意蕴一致，包括师生关系平等、尊重；课堂提问具有理解性；师生互动体现主体性；教学方法多元、开放。但也不可避免地存在一些问题，包括学生言语行为呈被动性、师生言语行为难以产生共鸣、师生问答言语行为呈形式化、教师言语行为的对象缺乏全体

---

① 靖云霞. 高中语文阅读教学中的对话研究［D］. 哈尔滨：哈尔滨师范大学，2019.
② 杨柳. 高中语文对话教学的行动研究［D］. 新乡：河南师范大学，2018.

性、师生言语行为种类较少。①

语文对话教学的研究趋势

语文对话教学的研究存在如下几种趋势，首先，值得一提的是有关语文对话教学的研究出现了定量研究和定性研究等比较规范的社会科学研究范式，比如有研究者通过规范的访谈或课堂观察对课堂言语和语言活动进行分析，也有研究者通过问卷调查的方式，从定量的角度调查语文教师在各个内容领域教学中使用对话教学的情况。不过也有一些研究者对课堂过程中的师生言语行为进行研究，希望探索对话教学在语文课堂教学过程中的实践应用，但是忽略了对话教学应该作为一种教学理念存在，而不仅是一种教学行为。他们只分析教学过程中的物质材料，很少有研究者反思行为背后隐含的实质上互动的师生关系。与其他两种教学模式较类似的是，关于语文对话教学的研究近几十年也呈现出蓬勃发展的态势。

---

① 朱呈呈. 小学语文对话教学中师生言语行为研究 [D]. 曲阜：曲阜师范大学，2018.

第 二 章

建构式对话教学
在语文教学实践
中的应用

第一节　建构教学起点——学生知识

学科教学知识作为衡量教师教育能力和专业水平的重要标准一直被广泛关注。1986 年，舒尔曼（L. Shulman）率先提出"学科教学知识"这一概念，在随后的研究中，学者基于舒尔曼提出的定义，对学科教学知识的概念和构成要素进行了梳理。但是，从众多国内外学者对学科教学知识构成要素的研究中可以看出，学生知识一直被认为是教师学科教学知识体系中不可或缺的重要组成部分。学生知识（Student Knowledge）即有关学习者的知识，主要包括了解学生具有的先备知识、学习困难、学习动机与兴趣、学习需要。对于语文学科某一个特定教学内容或主题，学生需要达到的水平和已有的能力、知识储备。教师如果能意识到学生在某主题的学习中常犯的错误和经常出现的问题，可以提出或设置具有挑战性的问题和学习任务以帮助学生消除疑惑。了解学生学习的动机和兴趣至关重要，调查所得可能会成为教学目标设定、课程设计的起点。在进行课程设计时，了解不同年级、不同水平学生真正的学习需要不仅是以学生的情况为起点，也应兼顾课程大纲的要求和学生的认知发展规律。

建构主义的课堂应该把关注的重点放在学生身上。所有语文教育教学活动都应该基于学生的需求，围绕学生的真实基础、真实问题、真实兴趣开展。这样才能选出学生真正感兴趣的教学内容，与学生共同创建出合适的教学方法。这种基于建构式对话理论的课堂模式可以真正提升学生的语文学习效率，从建构真实的教学起点开始，生成高质量的语文课。

了解学生的学习困难和学习需求

在传统教学中，语文教师多会预设教学的重点和难点，而这些预设的重点和难点往往出于教师自己的"一厢情愿"，教师并没有真正"俯下身来听听学生的声音"。随着"互联网+"学习时代的到来，学生有众多新渠道获取语文知识和信息，他们可以快速查阅学者和大众对某一个问题的观点。同时，社会的包容度逐渐提升、主流文化的大众化、考试制度的改革等因素，使以往的教学难点不再是学生的学习难点。倘若不了解学生的学习困难，教师就很难对症下药，帮助学生解决真正的语文学习问题。在教师和学生平等对话的前提下，教学的起点应该基于学生的学习困难，而学习困难应该是绝大多数学生共同的问题，不应该是教师的提前预设，而应该是教师引导，学生主动提出、归纳总结的有关于某个语文学习主题或某篇课文的问题。在发现学习困难的过程中，学生不仅解决了语文学习难题，同时也提升了深入了解学习材料、自我思考、找寻解决方案、规范语言表达等各种能力。

在课前、课中或者课后，学生会阅读课文或相关材料，在这一过程中，学生其实会发现很多有趣的问题，有些问题甚至是学界从未提及的，而发现这些细微、有趣的问题的背后，一定是学生对课文或者阅读材料的反复阅读和深入了解。比如，在讲授《红楼梦》选段《香菱学诗》这篇课文时，当教师询问学生学习这篇课文有什么疑问时，学生提出了教师难以预设的问题。

师：好，大家对香菱有了初步的认识。那么，我们现在来探究一下，大家在读的过程中有哪些疑问，发现了哪些问题呢？大家自由提问。

生1：为什么文章当中的代词用的都是单人旁的"他"？

生2：书中173页第5行，为什么香菱的地位没有林黛玉高，还用"逼"这个字眼去问林黛玉要东西？

生3：为什么香菱舍近求远去拜林黛玉为师呢？

生4：香菱到底是一位怎样的女性？

生5：宝钗说香菱"呆头呆脑"，是不是瞧不起她？

生6：香菱为什么要学诗呢？

生7：老师，现在有一种说法是香菱不是因难产而死，而是被夏金桂迫害致死，您觉得这种说法有道理吗？

可以看出，学生针对《香菱学诗》这篇课文，提出的疑问有人物形象探讨的，有对情节内容进行研究的，还有对字词方面的把握的。提出复杂、细微问题的背后，是学生对于文本材料的熟悉和深入掌握。面对学生众多的、个性化非常强的问题，教师继续引导学生，共同建构学习问题，确定学习起点，从主要矛盾开始解决学生的学习困难。

师：你们给老师出了难题。我们现在来看看这么多问题中，哪一个问题最重要呢？我提示一下，这篇课文选自《红楼梦》，《红楼梦》是一部小说，这一点能否对大家有所启发呢？

师：同学们，小说当中我们通常强调什么呢？

生1：情节。

师：好。

生2：老师，我觉得是人物。

教师从学生提出的主要矛盾——人物和情节的主问题入手逐一解决学生的疑问，在解决这两类问题的过程中，也解决了有关字词等方面的问题。当教师在课后问及同学们其他问题是否得到了解决时，学生回答："在上课过程中，在听到解决其他问题的方法时，自己的问题也迎刃而解了。"

同时，学生在生成自己的学习困难和学习需求的过程中，也会积极思考，促使思维能力跃升，整个过程学生充分发挥了主体作用，与教师共同建构了学习的起点。在讲授"描写的方法"时，教师请学生思考以往觉得自己不会描写的原因。

师：我们现在分析一个问题，大家觉得自己不会描写的原因是什么？

生1：我觉得描写时会抓不住重点，就像之前对您的描写一样，看外貌其实了解不到您的性格特点，但是深入了解之后发现您是有自己的独特的性格特征的。

师：不知道从哪下手，这是第一个困惑，不知道从哪进行描写。好，接着说。

生2：找到一个描写对象之后，并不知道如何使文章有真实感、画面感。

有的时候写一些优美的语言，反而有点画蛇添足。

师：说得真好！老师记得在指导作文的时候建议你们可以将这句话删除，这位同学就觉得这一小段语言写得非常漂亮，删掉非常可惜。可是，同学们，如果你的描写不是为了你的写作目的服务，那它就是多余的，也需要删除。

生3：在描写的过程中，有时候词语不丰富，不知道用何种词语表达出自己的想法；或者是围绕中心，不知道选择什么去写。

师：刚刚有同学说不知道怎么描写，以及不知道为什么要描写。特别棒，这是发自同学内心的困惑。

生4：有时候能找到事物想去描写，可是不知道用什么词语。

师：好，也就是词语贫乏。

生5：在描写一个事物的时候，有的时候一下子抓不住事物的特点。

师：也就是咱们平时缺少观察。

教师在教学过程中，引导学生对描写的困难进行梳理，学生认为存在"抓不住重点""词语不丰富"等困难，教师通过课堂教学中学生自我评价这个小环节，对学生在写作方面的切实困难有了了解，进而通过一系列教学活动的设计来回应、解决这些学习困难。学生在探究自我学习困难的过程中，也锻炼了自己的思维能力，进一步规范了表达能力。

同时，学生的学习困难和迷思也可以在语文课堂教学开展之前收集，然后将这些学习困难设定为问题式的学习任务，并在语文课堂上集中解决，课堂上解决的绝大多数是学生的真问题，极大地提高了语文课堂教学的效率。下文呈现的是教师在讲授《壶口瀑布》过程中收集的学生的主要问题。

师：上课！同学们好！

生：老师好！

师：好，请坐。同学们，我们这节课学习《壶口瀑布》。在学习之前，我们需要完成三项学习任务。第一项要求大家绘制游踪图，这是同学们绘制的游踪图，非常有创意，体现了同学们的智慧。借助游踪图，第一课时重点学习了定点换景的写法。第二项预习作业是阅读文章，写批注，同学们做得都非常认真。第三项作业就是关于文本，你有怎样的疑惑？老师把同学们的问题梳理了一下，主要有以下两个方面。一类主要是围绕本文的写法提出的疑问，比如说作者写了壶口瀑布的水之后为什么又要写脚下的石？还有同学提到这样的问题：为什么作者想写枯水季的瀑布呢？另外一类问题是对文本的理解，有同学提问：作者由壶口瀑布水的各种形态联想到人的各种形态，两者之间有什么关联呢？今天我们就以这些问题为起点，开始我们的学习。

随后，教师针对课前搜集的学生的学习问题，展开了本次语文课堂的主轴设计。

师：课前，同学们已经认真读了文章，本文的语言畅达自然，典雅凝练，给同学们留下了深刻的印象，很多同学对一些语句印象非常深刻，写了很多批注。接下来，就请同学们交流批注，说出你的理解和感受。同学们，请翻开课本，哪位同学想先说一说你的理解。

……

师：刚才这位同学发言，为什么她会产生一种浩瀚之感，是因为壶口这个地方容不下这么多水，水都流淌到滩壁上，那滩壁上的水又呈现怎样的状态呢？

……

师：你觉得这段文字体现出壶口瀑布的什么特点呢？

……

师：好，请坐。这位同学在分享的时候，不仅从修辞的角度，还从写法的角度，从视觉、听觉的角度进行了阐释。其他同学还有要分享的吗？

……

师：为什么要写枯水季的壶口瀑布呢？有没有同学愿意分享一下。

生：枯水季壶口瀑布的水比较少，而且通过枯水季黄河与雨季黄河形态的对比，凸显出作者自己对壶口瀑布的理解。

师：可以进一步解释一下作者对壶口瀑布形态的理解吗？

生："眼前这个小小的壶口，怎么一下子集纳了海、河、瀑、泉、雾所有水的形态，兼容了喜、怒、哀、怨、愁——人的各种感情。造物者难道是要在这壶口中浓缩一个世界吗?"由写壶口瀑布上升到写人的情感。

师:有没有同学对他的回答进行补充呢?

生:第一次在雨季的时候,作者描写了雨季的壶口瀑布,有人告诫作者这时候的壶口瀑布很危险。作者到达之后,说"除了扑面而来的水汽、震耳欲聋的涛声,什么也看不见,什么也听不见",这里表现出作者雨季去壶口瀑布其实并没有看到自己希望看到的壶口瀑布的景象,因为眼前都是白雾。所以作者更加详细地描写了枯水季的壶口瀑布景象,而且对枯水季的壶口瀑布的描写用了"推推搡搡",水量特别大,水流湍急,枯水季水流都这么湍急,那么在雨季,壶口瀑布肯定更加气势磅礴,这样也更能表现出壶口瀑布水流汹涌的特点。

师:好,请坐。刚才这位同学对其他同学的发言进行了补充。我们刚才说到了我们能在枯水季看到在雨季看不到的一些景象,比如说石的特点。同学们还说到枯水季的水量这么大,那么雨季的水量更大。这是怎样一番浩大的景象。好,同学们也提到了黄河的性格,请同学说说对它的理解。

生:第6段在开头说道:"黄河博大宽厚,柔中有刚;挟而不服,压而不弯;不平则呼,遇强则抗;死地必生,勇往直前。正像一个人,经了许多磨难便有了自己的个性……"这句话运用了议论和抒情的表达方式,表现了黄河不屈不挠的精神。我认为这句话还用了托物言志的表现手法,通过黄河来表现对人的勇往直前精神的赞美。

师:还有没有同学对这句话有自己的理解?

生5:我觉得作者之所以得出最后一句结论是因为他之前看到了黄河汹涌的景象。他描写了黄河的汹涌和壮烈的场面,之后写出了黄河多种多样的形态,最后描写了脚下的石被黄河汹涌的力量凿出了坑,所以结论是从前面三个场面得出来的,不仅有壮烈的场面,还有柔和的场面,写出了刚中带柔的性格。

师:全班同学一起将第6自然段读一遍,在朗读的过程中看看你自己能够产生何种联想?

(学生齐声朗读第6自然段)

（教师板书）

壶口瀑布

黄河性格

↑

形态多样　灵动、浩大　气势磅礴

师：读到这，你有哪些联想？脑海中会浮现哪些画面？

生6：读到这里，我联想起我们历史课上讲的红军长征，红军就是不服输、不屈不挠。在解放战争当中，解放军不惜牺牲自己的生命解放了全中国。所以从黄河的身上能够看到中华儿女的特点。

师：说到这里，同学们对于水的特点、黄河的性格都有了自己的理解。接下来，我们用对联的形式把理解呈现出来。

（学生构思，教师巡视指导）

（PPT呈现）

任务：根据你对壶口瀑布的认识，谈谈你对壶口瀑布的理解。请用对联的形式表述你的感悟。

横批：壶口瀑布
上联：
下联：

师：这位同学写完了，你来给大家分享一下。

生：我写的是"猛浪若奔震天地，柔中带刚勇直前"。

师：你能解释一下你为什么这么写吗？

生：黄河在雨季和枯水季都有湍急飞奔的特点，有震撼的气势，所以我运用了比喻的修辞手法。第二句"柔中带刚勇直前"写的是黄河有着不屈的精神品质，不畏困难，勇往直前。

师：这是从内容理解的角度结合了黄河的性格来写的对联，非常好。下课课代表将同学们写的对联收集起来，我们再进行交流分享。通过写对联的形式，老师相信同学们对于黄河的性格有了更加深入的理解和认识。

上述教学设计基于学生的学习困难和问题，语文教师在收集问题之后，对问题进行了分类和整理，以求在有限时间内，最大限度地解决绝大多数同学都解答不了的问题。

理性判断学生的学习基础

学习基础是学生关于某一个教学内容已经达到的认知水平和能力水平。教师对学生学习基础的准确判断是设计语文教学活动的起点和重心。现阶段，大多数语文教师对于学生学习情况的判断仍停留在传统的经验臆断层面，没有做到理性、客观地判断和思考。在建构式对话教学的语境下，语文教师对学生学习基础的判断应突破原有的经验认知，尝试客观地考查学生的学习基础，进而选择合理的教学策略组织教学。

教师如何考查学生的学习基础，首先，在课前应该尽可能多地、全方位地把握学生的学习情况，以实现对学生学习基础的理性认识。教师不能只通过静态化的纸笔测验成绩对学生的学习基础进行测查，应尽可能多地收集学生在某一教学内容上的学习问题，多观察学生获得了哪些学习资料，从不同的侧面去了解学习者有关这一学习主体的学习基础，目的是更好地分析学情，设计更合理的教学活动。

整本书阅读近年一直受到语文教育工作者的广泛关注，阅读整本的文学名著可以使学生成为思考者，有助于打破语文教学普遍存在的内容碎片化、形态同质化、思维培养浅表化等问题。《义务教育语文课程标准（2011 年版）》在"教学建议"中指出："培养学生广泛的阅读兴趣，扩大阅读面，增加阅读量，提倡少做题，多读书，读好书，读整本的书。"同时，整本书阅读可以提供相对完整的文化场域、推动学生认识过程的逐渐完善、促进阅读策略的综合运用、承载综合能力的进阶发展。[①] 学生在进行整本的文学名著阅读的过程中，能够

---

① 吴欣歆．阅读整本书，整体提升语文学科核心素养 [J]．中学语文教学，2017（1）：11-14.

全面地感受、品味作品传达的审美和精神意蕴。由此可见，整本书阅读对于学生各个方面的发展都有不可替代的作用。但是，整本书阅读也因其持续时间较长、教学容量较大，使具有不同阅读基础的学生在学习过程中显示出更大的差异。因此，如何理性地、科学地、平等地探求不同学生的学习基础至关重要。只有这样，才能更加科学地设计教学活动和教学环节，让每一位学生通过广泛而深入地阅读文学名著，培养对语言文字的感受力，把握语言的规律，形成较强的语言表达能力，从中汲取丰富的人类文化营养，获得社会和人生的体验。

语文教师在进行《骆驼祥子》整本书阅读教学时，传统授课受到时空的限制，教师对学生学习状况的了解手段比较单一。因此，教师充分利用网络信息技术，创设了在线学习平台，学生在线阅读，教师可以随时随地了解学生学习的状况。学生在线阅读的时间、阅读的问题和参与讨论的情况都有记录。除此之外，阅读笔记也是了解学生学习情况的好方法。教师可以选定一个较为宽泛的主题引导学生写阅读笔记，比如"对主要人物命运的感悟"等，学生需要不断地对文本进行回顾和体悟才能完成阅读笔记。在完成主要人物的阅读笔记之后，教师给每一位学生以详尽的反馈，随后教师引导学生对作品中的次要人物进行评述。这时候有学生问我："老师，您到底要干什么啊？"我是想通过做读书笔记引导学生阅读，通过输出的内容去判断学生的学习基础，发现他们的学习困难和集中出现的问题，再去设计教学活动。教师在课前准备环节发现绝大多数学生对于祥子这一主要人物的认识较为清晰，但是也存在扁平化的缺憾，因此，教师设计了一节名为《祥子的"网"》的学习成果展示课，请学生从作品中的次要人物出发去阅读和探究，通过他们与祥子的关系以及他们的命运，进一步丰满祥子的人物形象，也进一步加深了学生对《骆驼祥子》整本书的认知。

对学生学习基础的建构不应该仅停留在课前准备环节，在课堂教学的过程中，也应该不断"重建"学生的学习基础，这也完全符合建构式对话教学的基本特点。在《骆驼祥子》整本书阅读课例中，在课前准备环节，教师已经通过读书笔记和在线学习的方式对学生的学习基础进行了探究，但是在整个授课过程中，不能只依据课前了解的学习基础进行教学，而是要时刻把控学习者的学习进展，与其共同建构新的学习基础。教师首先以小组合作的方式，对文本中的次要人物进行了梳理，在这一过程中，教师发现了虽然学生对虎妞、刘四爷、小福子、老马四位次要人物的性格有基本的掌握，但是在解释推断能力方面仍较为薄弱，学生在梳理人物性格时，不能与具体的情节相链接。并且学生对次要人物性格的理解多是单点的，很少呈线性脉络，对人物命运的产生没有挖掘出更为深层次的原因。因此，教师设计了如下教学活动：

任务：以小组为单位，结合自己的读书笔记和旁批补充选取典型情节，进一步丰富人物形象。

（活动，教师巡回指导）

师：我在巡视的过程中，看到同学们充分发挥每个人的优势，积极合作完成任务，下面我请每个组的组长分析人物形象。

生1：我是一组，我要完善的人物是刘四爷，我认为刘四爷是一个心狠手辣的人。因为描写寿宴的时候，刘四爷说我宁愿把这些钱烧掉都不会给你们的，我觉得虎妞毕竟是他的女儿，但是他为了自己的利益，不给女儿留一点后路，他对于自己的利益是丝毫不愿意割舍的，能让自己的女儿与自己脱离关系，自己远走高飞。

生2：我是二组，我要完善的人物是虎妞。我觉得虎妞是聪明到极点的人，因为从祥子拉包月受挫找虎妞喝酒，从假怀孕到骗婚的整个过程都像是虎妞给祥子下的套，是虎妞算计好的，所以我感觉虎妞是一个聪明至极的人。

师：刚才同学说得不错，但是有些细节或典型情节没有关注到，影响了人物性格更充分地展现。需要注意结合具体的故事情节回答这个问题。你们要把这个人物在书里所有的表现都圈出来，进行分类，他在哪个章节哪个部分出现过，他是什么表现都要找到。把这个人物重要活动的点串联一下，给这个人物的性格做一下概括。这是架线。

师：完成上述任务的基础上，你们再来概括虎妞的形象。

问题：你认为虎妞最显著的性格特征是什么？

生：粗俗又丑陋、蛮横又泼辣、精明又自私。

生：虎妞是一个具有多重身份、多重性格、既让人厌恶又令人同情的人物形象。粗俗又丑陋、蛮横又泼辣、精明又自私是其最显著的特征，在生理和心理上则表现得像一个变态狂。她敢于追求自由的爱情。她既是剥削者又是剥削制度的牺牲品；她既是高傲的"贵族"，又是善良的"穷人"；她既是旧社会沾染了许多流氓无赖恶习的妇女，又是所处社会的牺牲品。虎妞是《骆驼祥子》中一个丑与美共存的审美形象。

师：一部优秀的文学作品，它塑造的人物形象不是扁平化的，都应该是多维的、立体的、有血有肉的、鲜活的，每个形象都带着温度走进读者心里，触碰读者内心最柔软的地方。虎妞、刘四爷、小福子、老马爷孙这些形象就带着温度活生生出现在我们面前，让读者感受到艺术形象的无限魅力。我们刚才采用的方法就是"寻人—定点—架线—呈现"（板书），这是读小说的一种方法。

师：这些人物的命运如何？

生：小福子死了、虎妞死了、老马爷孙也死了，刘四爷虽然没死，可他老了，一个亲人都没了，就连虎妞的坟墓在哪都不知道，他活着比死了还难受，成了活死人。

师：是的，简直就是凄凄惨惨戚戚，好悲惨啊！到底是什么原因让他们有这样的命运？

……

教师针对学生第一次汇报中出现的问题，探明了学生在某一主题下的学习基础，以此为出发点，请学生结合自己的读书笔记和旁批补充选取人物的典型情节，进一步丰富书中的人物形象，尤其锻炼了学生从感受走向分析的能力，也就是借助文本内容搭建了观点和材料之间的逻辑桥梁，培养了学生合理分析事件的因果关系的能力。

在课堂教学之后，教师要继续关注学生学习基础的变化，为后续教学生成新的教学起点。课后，教师可以采取非正式访谈、观察等方式，与学生构建学习基础。以下是我平时与学生的交谈片段。

交谈片段 1：

师：你在学习语文的过程中存在哪些困难呢？尤其是写作方面。

生：我有时候理解不了作者的情感。基础知识我将就着背，所以得分不高。作文自然段之间缺少衔接，使我的作文结构显得很突兀。

师：刚刚上课提到的问题，哪些是自己可以解决的，哪些是用自己的学习方法无法解决的呢？

生：把握作者的情感。因为我没有丰富的人生阅历。

交谈片段 2：

师：你们在学习语文的过程中存在哪些困难呢？

生 1：我没有把太多的精力放在基础知识的背诵上。

师：那下一步准备怎么学习语文呢？

生 1：名著阅读要好好读，需要老师帮助写作文。

师：××同学这次考得不错，你还有什么问题吗？

生：语文主要分为三个部分，基础知识需要自己记忆，名著阅读需要积累，多看多思考，我觉得最大的问题就是作文，作文要多写多修改。

……

教师对于学生学习基础的构建没有局限在单次的纸笔测验成绩和教师的自我经验总结，也没有局限在教学准备环节，而是在教学准备、课堂教学、课堂教学之后的全过程中，随时以理性、科学的方法对学习者的学习情况做调查和了解。

与学生共同建构学习兴趣

学习兴趣指学生的兴趣在学习中的表现，它是学习者和学习活动共同作用的结果。从教育心理学的角度来说，学习兴趣是一个人倾向于认识、研究获得某种知识的心理特征，是推动人们求知的一种内在力量。[①] 古今中外，

---

① 彭小卉. 游戏教学法在零起点汉语口语课堂的运用 [D]. 上海：复旦大学，2010.

学习兴趣的培养一直就是学界关注的重点。早在古希腊时代，柏拉图就充分认识到学习兴趣的重要性，他在《理想国》中提出："若把'强制'与'严格'训练少年们孜孜求学的方式，改为引导兴趣为主，他们势必劲力喷涌，欲罢不能。"这是兴趣理论最初的萌芽。在我国，从孔子提出"知之者不如好之者，好之者不如乐之者"开始，对于学习兴趣的强调就一直是研究学生学习和教师教学的重点。

几乎所有的研究者都认同学习兴趣对于学业表现成就和学生学习过程的积极影响。首先，良好的学习兴趣可以促成学生主动学习，被动学习难以产生好的学习效果。其次，浓厚的学习兴趣可以促进学生学习投入的增加，学生的学习时间相应增加，学习效率提高，为提升学业表现、学业成就和语文核心素养提供了必要的条件。再次，浓厚的学习兴趣可以增强学生在本学科学习的自我效能感。自我效能感是学习者对于完成某一事物的信心和决心，可以促成学生在本学科的学习中获得优异表现与高成就。在当前的语文教学中，有不少教师为了完成教学任务，以自己预测的学生学习兴趣和学校强加的课程任务代替学生真正的学习兴趣。学生学得没劲，教师教学也没有激情，陷入了恶性循环。学习兴趣的建构不应该是教师主观判断的、单方面预测的，而应该是学生和教师共同建构的。学习兴趣可以分为个体学习兴趣和情境学习兴趣，学者普遍认为，个体在不同的时间段会有不同的兴趣，但是这些兴趣并不会轻易得到满足，它是在学习动机支撑下长久保持的一种学习状态。情境学习兴趣指个体在活动环境中被某些有特点的事物所吸引而表现出的学习兴趣，这种学习兴趣容易被活动情境的创设程度影响。①

在个体兴趣的建构方面，教师对每一位学生的学习兴趣的持续关注至关重要。在我的班级中，有一位语文成绩一直不是很出色，对语文的学习兴趣也不是很浓厚的学生，但是他对音乐十分感兴趣，是学校管乐队的核心成员。在讲授《木兰诗》时，我鼓励他担任学习小组的组长，并让他从诗歌音乐性的角度进行汇报和分享。令我意想不到的是，他居然跟小组成员一起用诗的

---

① 王杰.高中生思想政治课学习兴趣及培养对策研究［D］.大连：辽宁师范大学，2020.

方式呈现了他们的学习成果，学习成果让人惊叹。他们用自己对于文本的理解重现了音乐版《木兰诗》，谱曲和词作均由小组成员完成。

　　簪花零落，江阔云低
　　替父从军，弃去愁肠
　　踏上征途，回望故乡
　　行军万里，道阻且长
　　天下乱，国难安；月下愁，夜中凉
　　断壁残垣八方战，面露煞气藏柔情
　　宽层衣，着胄甲；理云鬓，叹星辰
　　一夕一寸别相思，身着战袍扮男装
　　月下愁，借月光；买骏马，配长鞭
　　繁星伴月微光恍，暮日辉映山水间
　　入闺房，倚阁床；女儿情，满惆怅
　　褪去红装，褪去红装
　　陷战人间几回合，陷战人间几回合
　　忠义柔情何两全，忠义柔情何两全
　　策马奔腾十余载，策马奔腾十余载
　　英勇果断为决绝，英勇果断为决绝
　　只为女将，只为女将
　　锋镝纵横，锋镝纵横
　　梦回故乡，梦回故乡
　　忘战场，忘战场

　　策勋于身，辞去华冠
　　罢官场事，做归家雁
　　策飞马，兼日月
　　姐弟欢庆巾帼归

开阁门，抚阁床

女儿思乡情难却

卸战甲，拾旧裳

及腰青丝坠银装

拭莹泪，贴花黄

披纱肩上

曾为国战十年长

却念归途在何方

如今终得回故乡

炊烟袅袅云梦上

重为女郎

胭脂红装

终回故乡

忘战场

学生在作词、谱曲的过程中，一定先要对文本有非常细致和深入的了解，并且要熟悉文本的情感表达才能够完成从文本到音乐的转化。这让原本对语文学习不感兴趣的学生充分展示了自己的才华和他们对文本的理解，对于他们未来学习语文学科也起着至关重要的作用。因此，教师应该时刻将自己放在与学生平等对话的角色上，用心感悟学生的兴趣点，并鼓励他们把自己的兴趣与语文学习结合，实现师生共建学习兴趣的样态。

在建构情境兴趣方面，教师要善于从学生的角度出发，捕捉细微的、学生感兴趣的话题和情境，并在教学设计中体现出来。语文教师在讲授说明文《蝉》的时候，根据学生的需求，师生共同建构了众多与学生息息相关的教学任务，最后学生根据自己的兴趣选择了"我为蝉做微信主页""蝉的生物实验报告册"和"对话一只蝉"这三个学习任务，下文为"蝉的生物实验报告册"学生学习成果汇报实录。

师：这个小动作就体现出法布尔严谨、细致的态度，接下来，我们就来看选择第二个主题"蝉的生物实验报告册"的小组分享。

生1：我们组选择的是"蝉的生物实验报告册"，我主要负责写作，生2和生3负责书写板报，生4负责绘画。我们组的工作分为四段，第1段是总结研究背景，第2段是查找资料，第3段是设计实验，第4段是实验结果。研究背景的说明在书上第106页的第一段："我有研究蝉的习性的很好环境。一到七月初，蝉就占据了我门前的树。我是屋里的主人，它却是门外的统治者。有了它的统治，这里无论怎样都是不安静的。"通过这一段，我们就知道了法布尔的研究背景。第2段资料是通过文中的一些资料进行的。第3段是设计实验，整个文章分为两部分，"蝉的地穴"和"蝉的卵"，我们主要是围绕着这两个部分来进行的。第一部分我们研究的是蝉的卵，请大家跟我一起翻到第108页第4段，文中也写到了法布尔是用放大镜来观察蝉的卵，以及卵是如何孵化的，长什么样子。第二个问题我们研究的是地穴，请大家看第2段的最后一句："我要考察它们遗弃下的储藏室，必须用刀子来挖掘。"这里写出法布尔是用刀挖掘来寻找蝉的地穴，观察地穴的结构和作用，并且还分析了蝉的地穴与其他地穴的不同之处。第三个问题我们删掉了，因为在文中找不到。第四个问题是蝉的脱皮。请大家看第109页第5段："开始很像极小的鱼，眼睛大而黑，身体下面有一种鳍状物，由两个前腿联结而成。这种鳍有些运动力，能够帮助幼虫走出壳外，并且帮助它越过带有纤维的树枝。"这是比较困难的事情，这里也写出了脱皮的过程以及脱皮后的样子。

师：我们感谢××同学的汇报。作为第二个汇报的同学，××同学虽然略显羞涩，但是汇报的内容还是非常完整的。对于××同学的汇报，你有什么样的评价，或者有什么补充吗？

生5：他们这一组说的内容在文中能够找到答案，并且他们这一组的思路非常的清晰，将研究报告分为四个板块，每个板块有不同的内容，每个板块的层次是逐渐深入的，而且他们组的组内分工也是非常好的，每个人干的活都是差不多的，所以我觉得他们这一组做得非常好。

师：请坐，他说出了老师所有想说的。首先第一点，××同学也是完全基于文本，会抓住老师的重点，如何观察蝉、如何设计实验，都是从文章当中提取的。讲的时候，他一直在提醒大家跟他一起翻书，翻到多少页，哪个自然段，这一点非常好。正如前面那组说到的法布尔观察蝉，他都用细小的工具，都是一些细节，但是他们这组都找到了，大家再去看一看，文中用了什么样的工具来观察呢？

生6：用了刀子，放大镜。

师：很细微的一些描写，这也说明了法布尔在观察蝉的时候很细致。

……

学生在课后的访谈中表示："我们这个学期生物也学了相关的知识，我本身对这方面就很感兴趣。能把生物课上学到的方法迁移到语文课堂中，并且做了展示，得到了其他同学的认可，感觉真的太好了。课前赵老师让我们选择这节课的学习任务时，我就发现这篇课文可以跟我喜欢的事物联系在一起，就写了这个任务。"学生因为有了浓厚的学习兴趣，就会进行大量的学习投入，进行资料的查找和学习成果的输出，这个过程中调动的各方面的认知能力自然不必多说。由此可见，教师与学生共同构建了学生的学习兴趣，并将其合理运用到语文教学和学习中，有效地提升了学习的有效性。

第二节　建构语文课堂教学全过程

建构教学目标

教学目标是指在教学活动中所期待得到的学生的学习结果。教学目标是关于学科教学目的和信念的统领性、观念性的知识，是教学决策的基础，在教学中起到概念地图（Conceptual Map）的作用。虽然众多学者和一线教学工作者对于教学目标的组成和实质存有争论，但是他们对教学目标的重要性有一致看法，认为教学目标是教育目的系统中重要的组成部分，是教育目的、培养目标的具体化，它在方向上对教学活动设计起指导作用，并为教学评价提供依据。语文学科背景下的教学目标，不仅要求教师对语文学科的性质与目的、语文学科的功能与价值有深入理解，同时也要求与具体的教学策略、评价知识、学习者的学习情况等因素相匹配。

现阶段，在教学实践过程中，语文教学目标的设定存在如下问题：首先，语文教师对于教学目标的主观预设性过强。有相当一部分语文教师将目标设定为"我"讲了什么、讲到了什么程度，而不是学生需要学到什么程度、绝大多数学生大概可以达到什么程度。以教师对语文教学目标的主观预设代替学生的学习发展规律，直接导致了课堂教学效率低下。其次，语文教学目标的设定过于形式化和笼统化。目前的语文课程设计中的教学目标多是泛化目标，比如"提升学生阅读名著的能力""促进学生对中华优秀传统文化的深入理解"，诚然这些都是语文课程和教学希望达成的目标，但是落实到每一节语文课中，应该有更具体的小目标，以指导本节课的具体设计和实施。再次，现阶段的语文教学目标多是静态化的预测，少有动态化的生成。语文教学目标的设定时间几乎都静止在课堂教学之前，很少在课堂教学中和课堂教学之后。这是因为语文教师对课堂动态生成的目标资源的捕捉能力较差，并且在潜意识中更加认同自我主观设定的目标，认为学生必须达成这一预设的目标。然而，无论是教学目标，还是其他的教育教学环节，都不是停滞不前的，而是一个渐进的发展过程。

基于上述问题，语文教学的目标应该突破原有的教师主观性的设定，去除笼统化、形式化以及静态化，更应该是师生在平等互动、对话的基础之上得到的共生状态。语文教学目标首先应该是师生共同创生的。教师作为语文教学的主导，可以通过自身的学习和教学经验以及对语文课程的理解，对教学目标进行合理预设，目的是使教学主任务和主问题得以实施。学生作为语文教学过程中的主体，也应该参与到教学目标的设计中。学生的学习基础、学习困难、学习兴趣点都应该成为语文教学目标设定的重要参与因素，语文教师在教学的各个环节，也都应该随时监控学习者的学习进展和情况，兼顾学习者的整体情况和具体情况，进行教学目标的生成。语文教学目标也应该是可以落到实处的，是可以指导各项教学工作开展的。语文教师在理解了核心素养的内涵后，将核心素养的培养与具体的授课内容、教学活动相结合，兼顾学习者的多方面情况，设定可以具体落地、实施的课程目标。语文教学目标更应该是不断动态生成的、动态建构的，不应该局限在课堂教学之前，而是贯串在整个教学全过程之中。教学目标的动态生成性和建构性可以追溯到杜威。杜威认为，教学目标不应该是预先规定的、强加的，而应该是经验的结果；目标存在于教学过程之中，而不是存在于教学过程之外。① 塔巴也认为"教育基本上是一个渐进的过程。而且它是渐进地生长的，它扎根于过去而又指向着未来，从这个意义上说，它又是一个有机的过程。在此过程的任何阶段上，我们能提出的目的，不管它是什么都不能看成是最终目的，也不能将它们武断地插到后面的教育过程中去"②。由此可见，语文教学目标的生成性、过程性、建构性也是学界关注的重点。

有关教学目标的分类，目前学界最为认可的是 20 世纪五六十年代布卢姆等人在认知心理学的影响下提出并创立的目标分类体系，他将教育目标分为认知领域、技能领域和情感领域，并且分别做了细分：

目标领域	具体分类
认知领域	1. 知识　2. 领会　3. 运用　4. 分析　5. 综合　6. 评价
技能领域	1. 反射动作　2. 基本或基础动作　3. 知觉能力　4. 体能　5. 技巧动作　6. 有意活动
情感领域	1. 接受　2. 反应　3. 价值的评价　4. 组织　5. 由价值或价值复合体形成的性格化

① 刘义民. 语文教学目标有效生成研究［D］. 重庆：西南大学，2013.
② 王冠昱. 生成性课堂教学目标研究［D］. 呼和浩特：内蒙古师范大学，2008.

认知领域的能力是人全面发展的基础，在认知领域的教育目标当中，布卢姆将课堂上的知识点划分成了六个层次，分别为知识、领会、运用、分析、综合、评价，语文学科因为综合性较强，其知识与能力虽然无法像数理学科一样细分出不同认知层次，但是在文本解读中，学生不仅需要积累知识，更重要的是在知识的领会和运用中学会深度对话，使文本成为理性发展的媒介，最后完成文本学习和自我反思与成长。另一方面，语文学科的综合与运用，重要的是培养学生掌握语文学习的系统方法和技巧，并在言语感悟中提高语言运用能力，最终锻炼语文思维，这样整个认知领域的学习目标才算最终达到。语文是学生知情意行综合发展的学科，在实现认知领域的学习目标之后，其他领域必然会拥有发展的欲望和要求。①

技能领域的能力表现在语文学科内部，可以概括为听、说、读、写的能力，语言的使用与体悟是听、说、读、写四种能力综合内化的过程，也是语文教育的根本任务。语文是一门言语实践课，在学科教学过程中，对于听、说、读、写能力的训练，除了是对语文知识体系的整体构建，还内隐着对语文学科记忆复述、理解感悟、迁移创新等多层次的认知能力，同时也内隐着师生对于语文课程乃至学科的情感深化。

语文学科因其综合性和特殊的学科属性，承担着通过学科教学培育学生情感的巨大任务。《义务教育语文课程标准（2011年版）》多次强调"重视语文课程对学生思想情感所起的熏陶感染作用""注重学生的情感体验"等。《普通高中语文课程标准（2017年版）》在课程理念部分提出"语文具有重要的审美教育功能，高中语文课程应关注学生情感的发展，让学生受到美的熏陶，培养自觉的审美意识和高尚的审美情趣，培养审美感知和审美创造的能力"。由此可见，语文学科的情感目标不仅是通过文本刺激学生的情感，更要注重学生审美情趣，进而促进师生之间、文本与读者之间、作者与读者之间诸多方面的情感交流，最终实现情感的内化，完成从兴趣、欣赏到态度、

---

① 司荣. 教育目标分类学视野下的苏教版高中语文教材作业系统研究 [D]. 武汉：华中师范大学，2017.

价值组织以及最后的性格化。

从教学全过程建构教学目标

学生的认知是一个渐进的发展过程，其发展方向、发展路径和发展速度是无法完全预测的，教师更是无法在课前就完全预测学生的认知能力目标和认知发展过程。因此，在传统课堂中，在课前教师主观预设的教学目标是不符合教学发展规律和学生学习的认知发展规律的。而应该切实从学生的认知发展规律和全过程出发不断建构、不断生成、不断调整教学目标，这一过程从课前一直持续到课后，贯串学生语文学习的全过程。写作一直是语文教学的重点，也是很多语文教师觉得难以把控的难点，尤其容易在上课之前主观预设整节课的目标，比如"让学生学会描写人物的方法""让学生学习议论文的写法"等，这类目标比较泛化，使教学环节难以落地，也使教学评价难以实施。因此，在教学全过程中随时生成、建构、调整认知目标就极为重要。有一节写作课，在讲授人物描写的过程中，因为是"借班"上课，教师对学生原有的学习基础所知甚少，在课前只能预设较为宽泛的教学目标。随着课堂教学的不断展开和深入，教师根据学生的认知水平和思维水平不断调整教学目标，完成知识—领会—运用—分析—综合—评价的认知发展全过程。

师：老师想先请一位同学回答问题——你理解的描写是什么？

生1：让作文的语言变得优美。

师：说得非常好，老师要把这句话写下来。同意她的观点的同学请举手。

（教师板书，班级三分之二的同学举手）

生2：描写不一定就是用优美的语言，我觉得描写是根据自己对事物的看法进行详细的写作，让人了解事物。

师：你能用一句话提炼出自己的观点吗？你理解的描写的作用和目的是什么？

生3：我觉得描写的作用是让作文变得更加真实。

生4：我觉得描写是对事物进行详细概述，在此基础上增加一些优美的语言。

先做了学情调查，了解学生对这种写作手法的知识的掌握程度，以此设定和调整认知目标。随后教师进一步探索学生对这种写作方法的领会和运用能力，调整了教学的认知目标。

师：这个问题我们现在不深究，在上课的过程中我们会逐步领会描写的作用到底是什么。刚才说描写可以使语言更加优美，我们现在思考一下，描写能否让语言变得优美呢？哪位同学愿意用几句话描写一下自己的妈妈，或者描写一下老师？

生1：赵老师有一头栗色的头发，乌黑的眼睛，眼睛炯炯有神，尖尖的下巴，丰满的身材。

师：描写得还是不错的。

生2：远一看，您身材苗条，虽然个头不高，但是有着一双乌黑的大眼睛，一头栗色的秀发，笑着的红红的小嘴。经常看见您穿着高跟鞋在校园里巡视。

师：孩子们，语言优美吗？老师很奇怪，怎么都是男孩子描述老师啊？

生3：赵老师个子比较高，有着一头栗色的卷发，一双乌黑的眼睛。赵老师总是笑眯眯地看着我们，感觉很温柔。今天上课的时候，赵老师穿着黑色的上衣，佩戴一条项链，还戴着一只黑色的手表，好看极了。

师：同学们，肖像描写应该包括哪些呢？老师发现大家都说了老师的乌黑的眼睛和秀发，还抓住了老师的神情。

生4：老师的眼睛长得恰到好处，眼梢微上，眉毛细长，发梢有些卷曲，呈栗色。老师今天的着装，上身是黑色的小西装外套，下身是职业的粉色裙子，能够展现出老师纤细的腰身。黑色的腕表衬托出老师手腕的白皙，脸上露出温柔的笑容。

师：刚才同学们用的语言是否都是描写句？

生5：有的是，有的不是。

师：刚才我们说用了这样的语句是为了让语言更加优美。同学们观察得非常细致，听完刚才的描写，你们得到了什么呢？

生6：听完他们的描写，自己可以在脑海中勾画出外貌。从一些细节可以了解到人物的相关内容。例如从服装搭配可以知道老师是个知识女性。

教师发现学生在进行人物描写的过程中，对于描写这一写作手法有基本的知识概念，但是对于如何更好地运用还有很大的提升空间，尤其无法突出所描写人物和事物的特点，因此，教师迅速调整目标，在黑板上写出两个文段，作为样例进行接下来的教学活动。

师：刚才听到的人的形象描述，但是没有听到这个人特有的东西，描写人一定要抓住人的特点来写。我们确实能勾勒一个人，但是这个人的特点无法全部显示出来。所以今天我们还需要进一步学习。老师请同学们朗读一下黑板上的文段。

（板书呈现）

1. 上课铃已经响过好久，小东突然推门进来，睡眼蒙眬地看着老师。老师生气地对他说："你不用上学了。"

2. 上课铃响了好久，小东突然闯了进来，眼睛似乎有些肿，眯成一条缝，头发像一堆乱草，嘴里不停地喘着粗气。老师大声训斥道："你怎么又迟到了，以后别来上学了。"

通过这两段话，教师请学生区分它们的异同之处，并引入描写的具体方法，随后教师请学生继续进行文段描写，并反思写不好的原因在哪里，实现了分析—综合—评价的认知目标设定。

整节写作课沿着教师预设的"了解什么是描写""体验从素材生产到围绕中心描写的思维过程""初步掌握围绕中心描写的一般方法"三个教学目标，但是这三个目标在具体落实的过程中，是根据学生的认知水平和认知特点适时调整和重新建构的。比如，学生在运用描写方法的过程中，问题出在抓不准事物特征，那么教师就要调整认知目标中的"运用"目标，并调整自己的教学活动。因此，教师的认知目标要根据学生的认知发展水平随时建构和调整。

多维视角构建技能目标

语文是一门实用性、综合性极强的学科，其教学目标也是促进学生更好地交际和生活，现阶段更多的语文教学目标偏向于读、写，偏废了听、说，这会导致语文素养的部分缺失。随着各类高利害型考试和学业水平测试对于语文能力的综合测查，日常教学也应该更加注重用多重视角、从多个维度对学生的语文能力进行训练，这就直接影响了语文教学目标的初步设定和语文教学活动的实施。在讲授散文诗《金色花》的过程中，教师希望通过语文教学活动，引导学生对于文章审美和情感的体味。考虑到散文诗的特性，教师利用了配乐、朗读、文本细读、资料拓展的方式设计本节语文课，在不偏离大目标的情况下，在语文教学的全过程中，建构了学生朗读、阅读、写作、口语表达等多方面的小目标，为提高学生的语文核心素养做了充足准备。

语文教师把学生分成三个阅读小组，分别从配乐朗读、文本细读和资源拓展几个方面进行任务设计，虽然每个小组各有类别不同的任务，但是都需要调动不同维度的能力。不同组的学生在展示自我学习成果的过程中也学习着其他小组的学习成果，比如，拓展探究组的同学对朗读组的同学个别语句的情感把握提出了不同的建议，他们更多是从作者生平和创作背景出发对文本进行把握的，与朗读组的同学有不同的见解和看法。多维视角的教学目标就必然带来了多维视角的教学活动，学生的语文知识、能力得到了综合提升。

古代诗词、文言文等文体一直是语文教学的难点，很多教师为了保证学生学业水平测验的成绩，多将目标集中在语言、文字的习得上，忽视了语文综合性强的学科属性，没有从多维视角切入去建构教学目标。在学习《木兰诗》的过程中，教师首先在第一阶段安排了自主学习，提出如下五个问题：

1. 什么是乐府诗？

2. 请你将乐府诗的发展脉络梳理清楚。

3. 南北乐府诗有什么区别？

4. 在《乐府诗集》中选两三首自己喜欢的诗歌并进行鉴赏。

5. 谈自己的学习收获和感受。

这五个问题分别涉及背景知识的查阅、乐府诗发展历史的梳理、比较阅读和研究、诗歌鉴赏以及感悟鉴赏，背后隐含着对学生提取关键信息要素，从所积累的语言材料中分析概括出一定的规律和特点，理解领悟作品的内容、深层含义，体悟作品所蕴含的文学文化内涵等多方面的能力的培养，同时教师建构的目标是整体提升学生的输入和输出能力。

在进行《木兰诗》探究课的过程中，教师旨在通过不同的学习任务，进一步提升学生多方面的知识能力，在课堂授课过程中，设定了三个主任务：其一是通过内心独白剧的方式，请学生合作学习，进行表演，展现木兰的心理活动和变化；其二是设定具体的情境，请学生扮演木兰身边的某一个人，对木兰进行评价；其三是结合史料探究木兰精神的时代价值，并完成对联的创作。具体实录如下。

任务一：创作内心独白剧。

阅读文本，从下列情境中任选一个，写出木兰此刻的内心独白，并进行表演。其他小组点评。

织布惆怅时

奔赴战场时

天子赏赐时

对镜贴花黄时

出门见伙伴时

师：同学们，你们了解什么是内心独白剧吗？谁给大家解释一下。

生：内心独白剧就是大家把一个人的内心独白说出来，表演出来，从而让别人知道他内心的想法。

师：内心独白是在内心的，不能说出来的东西，也就是说在一定的情境中，人物的行为是受他内心的思想情感所支配的。那么今天，我们要把它表现出来。现在小组挑选自己喜欢的情境进行表演。

（小组讨论准备）

师：大家在讨论的时候，动手写一下脚本，给大家五分钟的准备时间。同学们，我们写完脚本之后，小组推选一个人表演。

（教师巡视指导）

师：老师刚才发现同学们讨论的特别有意思。这个问题比较难，我不是木兰，我怎么会知道她内心的想法呢？当我们把人物放置在特定的背景当中，这个人物的内心是不难捕捉的。刚刚我们分配了任务，第一组推选了一名同学，第二组、第三组，每个小组代表请站到讲台前，按照顺序站好位置。

师：同学们表演的时候，需要注意人物的语言、动作、神态，要把人物的心理活动表现出来。我们请第一位同学表演。

（小组成员表演）

织布惆怅时

哎呀，又要征兵了，家里面父亲没有儿子，我没有哥哥，这怎么办啊？哎，难道我必须参军吗？哎，看来我必须要替我父亲参军去了，然后再回来。哎！先去市场把打仗需要用的装备准备齐吧！哎！

奔赴战场时

我演的是奔赴战场的木兰。哎，也不知道现在爹和娘身体怎么样了，也不知道姐姐和弟弟有没有帮助家里一点。我一个人在战场上好害怕啊！我们的仗应该能打赢吧？对，我们一定能打赢。那些侵略者杀害百姓，掠夺粮食，多可恨啊！我们一定能把他们杀掉的。对，我们一定可以把他们赶回自己的老家的。等我们打完了仗，我要回家看看，我要看看我的爹，看看我的娘，看看我的姐姐和弟弟，我以后一定要和他们永远生活在一起，永远地生活在一起！一定要幸福！以后不会再有侵略者的，侵略者一定都会被我们赶出去的，侵略者一定会被我们的强大吓到的，他们绝对不敢再侵略了。

天子赏赐时

大家好！我现在表演的是天子赏赐时的木兰。文段是"赏赐百千强"那一段。（学生单膝跪拜）皇上赏赐我这么多，还封我做官，我非常感谢他，可是我的思乡之情随着时间的流逝而漫溢，也不知道爹娘身体怎么样了，弟弟长高了多少，现在我有一个回家的机会，为什么不把握这次机会，向皇帝表明自己的心意呢？对，我就要这样做！"回皇上，木兰不用尚书郎，愿驰千里足，送儿还故乡。"

对镜贴花黄时

我是木兰，我正在脱战袍。当时，我心想这该死的战争终于结束了，我现在把这战袍脱掉，这沾满鲜血的战袍我再也不想穿了。我是真的不想遇到战争了，一次战争夺走了多少人的性命啊！哎，希望世界和平吧！换回女装，我要跟爹娘逛街买香料，教弟弟写字，教他练武，我要跟家人一直在一起。

出门见伙伴时

我现在是出门见伙伴的木兰。我的伙伴们竟然来看我了，我现在内心是十分激动的。当时他们都没有发现我是一个女子。战争数十年，我和我的战友一同行军打仗，一同上阵杀敌，一同征战，但是我没有让他们发现我是一个女子，没有拖他们的后腿，没有让他们觉得我像女子般瘦弱，我现在内心是有点得意的！所以说在沙场上不论男女，只要有一颗为祖国奋战的心，就可以获得许多成就。

任务一所建构的目标不仅是促进学生对文本的阅读能力和字词句的掌握能力，也同时隐含着文本解读能力、微写作能力，深入探求了文本人物的心理，利用不同的情境立体构建了人物形象。

任务二：围绕圆心人物，画出圆心聚焦图；假如现在你就是木兰身边的某一个人，请用"你真是一个_____的_____"的句式，说出你对木兰的评价。（要求：有依据、有结论）

生1：我是可汗，花木兰功成身退，不慕名利，我赏赐的千金她都不要，甚至尚书郎这样的官职，她也不在意。她仅仅是想回家。我觉得木兰，你真是一个不慕名利的将军。

师：好，"不慕名利的将军"，表达了木兰对可汗的忠诚。好，请坐，非常棒！

生2：如果我是木兰的战友，我觉得木兰是个坚强的女孩子。战场很残酷，男子尚且退缩，可木兰是一个女孩子，依旧战功赫赫，所以木兰，你真是一个坚强的女子。

师：坚强、勇敢，好！

生3：如果我是木兰的父亲，我会评价她非常孝顺。因为我已年迈，木兰就主动替父从军，她在功成名就之后也不要可汗赏赐的财物，也不愿做官，只希望回家陪伴父母，所以我的评价是木兰，你真是一个孝顺的女儿。

师：孝顺的女儿。好！

生4：我以木兰弟弟的视角来评价木兰。因为木兰在征兵的时候替父从军、女扮男装，担起了家庭的责任，所以我会对木兰说，你真是有责任心的姐姐。

师：有责任的姐姐。木兰走的时候他还是小弟弟，当木兰回来的时候，弟弟已经长成"磨刀霍霍向猪羊"的小伙子了。不禁佩服姐姐。

在任务二中，教师旨在通过建构多维视野中的木兰形象，丰富学生对人物形象的深入理解。这一过程也必然促进了学生对文本的细读能力和鉴赏能力的提升，在小组成员探讨的过程中，学生对字词句的习得和理解也必然都得到了高效解决。

任务三：结合史料探究木兰精神的时代价值

阅读辅助资料，思考问题，完成对联创作。

上联："替父从军浴血杀敌＿＿＿＿＿＿＿＿＿＿＿"

下联："婉拒名利一心还乡＿＿＿＿＿＿＿＿＿＿＿"

在任务三下建构的教学目标指导之下，教学活动起到了牵一发动全身的效果，综合调动了学生多方面的语文能力，最终达成了多维教学目标。

多元主体共生情感目标

在传统语文课堂中，散文等文学类阅读占据了大半江山。在文学类文本阅读中，读者的经验与作者所传达的经验不同。这种不同不仅表现在阅读的起点，也表现在阅读的终点。我们不可能"具有"与作者同样的经验，无论是阅读之前、阅读之中还是阅读之后，同样，每一位读者在进行阅读的过程中，也有自己不同的感悟。但是现阶段的语文教学，教师往往出于功利目的，或者为了完成教学任务，把自己获取的间接感受强加给学生，用自己情感上的体验代替了学生的情感体验。《小狗包弟》《老王》是中学语文教材中的重要散文篇目，教师在教学过程中，发现学生在阅读笔记里对于这两篇文本中的"愧疚"的感情有很多关注，于是设计了《倾听赤子心声　关注作家情怀——〈小狗包弟〉〈老王〉比较阅读》，这次授课从以下三个维度进行设计，以期在比较阅读中引导学生理解作家的内心情感。

比较：基于共同的情感

求异：基于情感的差异

升华：基于个人与社会的反思

教师对情感目标的设定来自学生对于两篇文章所表达感情的感悟和疑惑，在散文的写作和鉴赏环节，最为重要的是"贵在有我，抒发真情"，因此引导学生去感悟、体味对于文本、作家的感情，而不是把教师的生活经验和情感体验强加给学生，因此，这堂课情感目标的建构应该是师生共同完成的。

师：对于同一主题的两篇文章，作家不同，表达情感的手法也各不相同。这两天，我认真阅读了同学们写的读书笔记。读书笔记中出现争议最多的是两位作家该不该愧疚，愧疚的内涵是什么。所以这节课我们以此来探讨两篇文章的不同点。

生1：我认为巴金该愧疚，而杨绛不该愧疚。包弟非常乖巧，从不咬人，特别是它讨要食物，或讨好客人时"把两只前脚并在一起不停地作揖"实在太可爱了。就是这样一条小狗，却被巴金送上了解剖台，他太残忍了。难道不该愧疚吗？老王是病死的，他的死与杨绛无关，杨绛曾经给老王很多帮助，杨绛没什么愧疚的。

生2：我同意他的观点。请大家看《小狗包弟》第4段。"我们在广州的时候，睡房门紧闭，包弟每天清早守在房门口等候我们出来。它天天这样，从不厌倦。"我们外出时，它守着家门静候着家人的归来，俨然成为这个家庭不可分割的一员。他却把它送上死路，良心能不受到谴责吗？

师：美好的东西受到了不该有的伤害，所以巴金该愧疚。有不同意见吗？

生3：巴金不该愧疚。他送走包弟是迫不得已，当时是"文化大革命"，不送走包弟，巴金就要受牵连。目睹了邻居家被抄，他担心再不送走包弟就该抄他家了。这表现了巴金的怯懦。

生4：当时巴金也想了许多办法，实在没办法才送走，我觉得巴金也挺可怜，挺无奈的。

生5：我不同意，宁愿自己死了，也不伤害小狗。

师：同学们说的都有道理。假如巴金选择不送走包弟，还有必要反思自我，还有没有如今的愧疚、伤痛呢？

生6：他为了保护自己，却把包弟害死了，巴金太软弱。

生7：如果不是狗而是人呢？他这么做，就卑鄙了。

师：说得好。小狗也是一条命，尽管作者经历了选择的痛苦，但他后来回想起来，他仍然不能原谅自己的行为，这种愧疚是一种对生命的愧疚。这样看来，巴金是该为自己的行为愧疚。做错了事，懂得后悔、反思、自责，并勇于解剖自己，这是巴金情感上的高贵之处。

由此，教师始终站在与学生平等的角度，跟学生共同探讨作家和作品的情感，有关这两个文本的深层情感目标预设来源于学生的阅读兴趣和阅读经验，情感目标的调整也来源于课堂教学的不断展开。苏霍姆林斯基在《给教师的建议》中指出，我们作用于学生精神世界的最重要的工具是教师的语言、周围世界的美和艺术的美，以及创造最能鲜明地表现感情的环境，也就是人类关系中的整个情绪领域。语文本身就是有关美的学科，其审美高度和情感深度都是由教师和学生共创的，而不是教师单向输出的。

建构教学内容

语文教学内容主要指语文学科特定主题和特定内容所涉及的课程知识、教材知识和学科本体知识。语文教学内容在语文课程中扮演着重要的角色，是有关"教什么"的知识，在一定程度上体现着语文教师的教育教学理念，也引导着教学策略和教学设计。课程内容是依据特定教育价值观和课程目标而选择、组织的内容体系；教材内容主要包括语文教材及其相关资源；语文学科本体知识是指本学科内最为重要的基本知识，具体包括语言学、文学、文艺学、文章学等知识，以及对这些领域内部的具体内容、基本概念及其相互关系的理解。落实到中学语文学习中，指学生在基础知识、阅读、写作、口语表达等各个方面的能力。目前，在语文教学中，从整体结构看，语文学科课程仍多以知识为中心组建课程单元，普遍存在碎片化、浅表化倾向，缺少整合和联系，不利于深度学习；同时，学科课程之间各自为政，缺少真正意义上的跨学科课程开发与实施；语文活动课程缺乏顶层设计，难以围绕特定的育人立意持续开展；部分教师在进行语文教学内容建构的过程中，对跨学科课程设计矫枉过正，忽视了语文学科的本体知识和本体价值。

针对上述问题，语文教师要善于对语文教学内容进行合理选择、组织，建构起语文课程内容的内外部框架，实现语文课程内部听、说、读、写的能力要求，也将语文学科放在整体课程观念中进行探讨。同时，语文教师在充分利用、发掘语文教材内容的基础之上，也要对语文教材内容进行合理重排，从"教语文教材"到"用语文教材教"。以语文教材为纲目，但不局限在语文教材所提供的知识内容中，打破语文教材内容的壁垒，建构合理的语文教学内容。语文学科本体知识是语文学习的"砖瓦"，只有具备这些基本材料和能力，学生才能实现综合素养的整体跨越。

拓展语文课程内容的空间

语文课程内容是语文课程的主要组成部分，是语文课程研究的核心内容之一，合理、明确、系统的语文课程内容为教师掌握教学点，合理安排教学内容提供保障，也是全面提升学生语文素养的前提条件。[1] 随着语文课程改革的不断深入，语文学科主要面临着课程内容的模糊、无序，语文教师在组织和选择课程内容的过程中，应该时刻把握语文课程整合性和连续性的特点，对语文教学内容进行建构。整合性有两方面含义：第一个层面指的是学科课

---

[1] 漆思婕. 统编版初中语文教材中的阅读课程内容研究 [D]. 成都：四川师范大学，2019.

程外部的整合，即语文学科与其他学科课程之间的整合和语文课堂内外的整合；第二个层面是语文学科课程内部的整合，即听、说、读、写能力的整合。在外部整合方面，语文教师要善于发现其他学科课程与语文课程之间在内容和能力层级上的同质性，并且发现语文课程的学科独特性，以建构大课程体系下的语文课程内容。在内部整合方面，教师要善于挖掘语文课程的多种要素，善于将各种学科课程能力进行有序安排和重组，实现综合素养的提升。在《木兰诗》的授课过程中，在学习成果展示环节，教师根据学生的学习兴趣，整合了音乐课程与语文课程内容，进行了音乐的谱曲和词作活动。同时，其他小组在展示的过程中，还使用了历史剧的方式进行呈现，这是语文课程内容和舞台表演课程的整合。教师还帮助他们整合了历史课程的内容，以此加深他们对"木兰"这一人物形象的深刻理解。

师：从表演的角度来说我们的同学可能并不是非常优秀的表演者，但是他们在不同的情境下展现了不同的木兰形象。我们把这些木兰串联起来，一起看此时此刻的木兰在你心中是什么样的。请用最简单的话说出来。

生1：我觉得木兰是有责任、有担当的。

生2：我认为木兰是一个英雄的形象，但她是别样的英雄。因为其他英雄都是为国而战，别的英雄主要是想保家卫国，但是木兰是为自己的家庭着想，替父从军，所以我觉得木兰跟其他英雄的性质不是很一样。

师：她的目的是替父从军，特殊的时代背景将木兰推向了战场。老师觉得这位同学的角度很好。我们回溯历史，资料上有这样的统计。

（PPT 呈现）

时期	先秦	秦汉	魏晋南北朝	隋唐五代	辽宋金夏	元明
战争总次数	661	682	1677	1411	620	1141
平均每年战争次数	1.2	1.6	4.6	3.7	2	3

——施和金：《中国古代战争的时空分布》

师：大家现在看历朝历代的战争情况，看看魏晋南北朝时期战争总次数是1677次，平均每年的战争次数是4.6次，跟其他朝代相比，战争频繁。试想一下，生活在这样一个朝代，你会怎么样？在前期的学习当中就有同学问道，为什么魏晋南北朝时期乐府诗中反映战争题材的比较多？我们看一下原因。

（PPT 呈现）

南北朝时期文学作品战争题材较多的原因

政权分立：从东汉灵帝中平元年（184年）黄巾起义到隋文帝开皇九年（589年）完成统一止，其建立过大大小小三十五个政权。除了西晋朝有过短暂的统一，其余绝大部分时期都处于分裂割据状态。

——《魏晋南北朝战争诗文研究》

从献文帝到北魏末。这个时期始于献文帝"十丁取一"。此后，北魏开始逐步普遍征兵（制），民丁当兵的情况也日益普遍。

——《北魏的兵制与社会——从"兵民分离"到"军民分籍"》

文人从军：魏晋南北朝时期，战乱环境为世人提供建立功业的可能，刺激士人强烈的功名愿望，文人纷纷投身军旅，促进了这一时期战争诗文的繁荣。

师：我们看征兵制度，木兰父亲也在征兵行列当中，而且"卷卷有爷名"，前方战事激烈，可见士兵缺乏，这种情况下，木兰虽然是女生，但是国家出现灾难，木兰义无反顾承担起责任。我们刚刚还有同学说木兰是从家庭的角度考虑的，她是替父从军。那木兰她不害怕吗？她当然害怕战争，如果她不害怕，她就是铁人了。大家可以看到我们的史料记载。在残酷的战争面前，我们的木兰能不害怕吗？可是她依旧承担起自己的责任。

师：我们说演员演得好，是因为他忘记了自己，投入到角色当中，那么我们此时此刻揣摩，老师想提醒大家的是，我们了解一个人物之时，一定要设身处地地了解那个时期、那个年代，要了解生活在那个时期的人物，也要揣摩此时此刻人物的心理。我们得出的英雄是岳飞那样的吗？现在我们大家再转换一个视角，围绕圆心人物，也就是木兰，画出圆心聚焦图。木兰的周边有谁？

生：战友、可汗、姐弟、爹娘。

教师和学生从历史的视角出发，对人物所处时代背景进行探究，并且联系了历史课程的相关内容和思维方式，目的是帮助学生更为全面地掌握语文课程中的相关内容。最后，教师布置的课程任务，是将语文课程内容与美术课程内容相结合，让学生设计一座雕像，利用美术课程中可视化的雕像和语文课程中的口语表达，展现文本中人物的独特形态。

师：我们刚刚换了一个视角当木兰，又换了一个视角当木兰身边的人。现在转换一下视角，让我们当一座雕像。我们用定格的方式进行设计。

（PPT 呈现）

作业：雕塑设计

《弯弓征战做男儿》

《梦里曾经画眉》

《感念传奇》

……

校园文化建设正在进行，学校打算在花园旁边安放一座木兰的雕像。现在向同学们征集雕像设计方案。以小组为单位，用雕塑定格的方法为学校提交一份造型设计方案。

要求：

用定格的方法进行设计，并说明设计思路。

向同学展示雕像造型。

请为雕像命名。

温馨提示：

用雕塑材料和雕塑语言将人物的精神内质定格在某一个瞬间。

王朝闻先生曾这样描述雕塑：别的艺术可能用千言万语来讲一个人的一件事，而雕塑往往是用一个比较静止的，不太复杂的形体来表现，千言万语代替对许多人、事的描写，雕塑本身就是一种艺术门类，雕塑语言就是通过三维立体的形式、多姿多彩的形态、丰富独特的语言来传达雕刻家思想的语言形态。

除了在不同学科之间进行整合，我们也注重将学校外部资源融合在语文教学内容中，与教材内容形成互动，共同构建教学内容。建构主义认为学习过程是学生的认识思维活动主动建构的过程，是学生通过自身已有的知识、技能、经验与外界进行交互活动，以获取、建构新知识的过程。它所强调的就是利用各种信息资源来支持学生的"学"。同时，人类语言的学习，需要用大量例子反复刺激，并在成年累月的学习、积累后才能熟能生巧。古代的大文豪都是在游山玩水中，或是触景生情，或是借景抒怀，写下千古名篇，没有一个是在家中闭门造车写出佳境美景的。因此，语文教师也要善于将语文课堂内部和外部的资源进行整合，为学生学习提供丰厚的物质资料，这样更有利于学生与学习资料之间形成良性互动，产生交互作用。语文教师只要稍加引导，学生就会主动将其建构成非常有价值的学习内容。因此，在学生课业负担不是很重的时候，我经常组织一些采风活动，甚至在假期还安排一些到国外采风的行程，让丰富的自然资源和人文资源"充斥"在学生的世界里，对其产生一定的引导，鼓励、帮助学生主动将这些语文课外资源建构成他们学习语文的重要材料。以下案例展示了某次国内采风的活动设计和部分学生作品。

采风主题：畅游名城，感悟文学

活动背景：了解中国许多名城的历史，感受名城的自然景观和人文风光。

活动目的：通过本次采风活动的开展，激发社员对生活与文学的热爱，营造文学社内融洽的创作氛围，加强社员们的相互交流与了解，丰富社员们的业余文化生活，拓宽社员的视野，让文学社社员在春意盎然中放飞心情。

前期筹备：

（1）活动部负责购买活动所需材料，并对出行人员进行相关文化培训。

（2）宣传部制作采风活动展板。

（3）秘书处负责统计参加活动社员名单，并将名单分组。

活动内容：活动中，参加人员及时记录自己所见所感。活动结束后，社长在周例会中进行总结，谈谈此次活动的感想，提出应该注意的问题，总结经验教训，同时，各社员谈感受。活动的历程将被制作成PPT。宣传部写出此活动的通讯稿，并负责后期的游记评比与座谈。

在设计、开展本次采风的时候，正值我校大力开展优秀传统文化进校园的活动，同时，也恰好赶上学生刚刚学习完游记主题的教材内容，所以，这次活动无论在形式上还是在内容上，都比较容易引起学生学习的兴趣。

◆ 学生作品

岳麓书院之行

虽然已经过去好几天了，但我依然清晰地记得那个下着小雨的日子，我来到了湖南的岳麓书院。书院古香古色，书香浓郁，清幽得像个世外桃源。我漫步在雨中的岳麓书院，极富诗意，就像走在图画中似的。

岳麓书院建成于北宋时期，书院内都是些古典建筑：翘起的屋檐，黑瓦白墙，精巧别致的小亭子，曲折蜿蜒的走廊，安静优雅的小庭院，无处不透着一种古香古色的感觉。书院内还摆放着年代久远的石墩和石狮子，它们雕刻精美，生动传神，由内而外透着一种沧桑感。置身于岳麓书院中，看着周围的这些景物，我更能体会到这座古老书院深厚的历史底蕴。

走进讲学堂，看见讲台上放有两把古老的椅子，我仿佛回到了北宋时的岳麓书院。当时，朱熹和张栻两位大贤人就坐在那两把椅子上，向学生们传授他们的思想。而坐在下面的从湖南各地来的学子，认真地听着，生怕遗漏了什么。朱张两位贤哲共同讲学，就此传为一段佳话。今天我站在讲学堂中，仿佛还能体会到当时那种浓厚的学习气氛。而能坐在这里听贤哲讲学的，必定都是湖南十分有才华的人，历朝历代从这里走出了许多人才，所以书院大门上就写着"惟楚有才，于斯为盛"八个大字，气势如虹。于是，这个地方就成了湖南学子心目中的圣地，学子们都希望能来这里听讲。毛泽东和蔡和森等人就经常来这儿看书，讨论问题。难怪书院中有一副对联，其中一句写道："学有因革，通变为雄，试忖度朱张意气，毛蔡风神。"这座千年学府代代出英杰，可谓人才辈出，历史底蕴深厚。岳麓书院不仅景物古香古色，还真是书香浓郁啊！

而我最喜欢的，就是岳麓书院的清幽了。书院坐落在岳麓山的脚下，远离市区的喧嚣。书院里几乎没有几个人，整个书院都十分安静，我走在曲折蜿蜒的走廊上，只能听见自己的脚步声。我走进一个小庭院里，一股清香扑鼻而来，我四处张望，想看看是从哪儿散发出的香味。原来，庭院中央种着一棵桂花树，这棵桂花树已经长出了淡黄色的小花苞，散发出沁人心脾的芳香。但这种香味并不浓，而是那种淡淡的清香。这棵桂花树和它的香味都给人一种清丽素雅的感觉。雨滴顺着屋檐滑落下来，滴在地上，"啪嗒，啪嗒"，那声音是那么清脆，滴在地上仿佛还有余音，更衬托出这庭院的幽静。我闭上眼睛，听着这雨滴的声音，嗅着这淡淡的桂花香，呼吸着湿润的空气，感受着这书院的清幽，我的心顿时变得异常平静。想必历朝历代的学子在这么清幽的环境里，他们的心境一定和我一样，心无杂念，十分平静，专心致志地看书、学习，所以这里才会代代出英杰。我太喜欢这里的清幽了，这里简直像个世外桃源，我真想在这里看书、学习，让我的心不那么浮躁，平静下来，好好地钻研学问。

我走在这么美的一幅画里，简直不想走出去了，我已经完全沉醉其中。我睁开眼睛，侧耳一听，在那雨滴的余音中，我仿佛又听见了圣贤们讲学的声音和学子们朗朗的读书声……

在采风活动之后，有学生表示："在完成任务的过程中，满脑子都是这学期在课堂上和学过的《壶口瀑布》《在长江源头格拉丹东》这些课文，看着这些景色和人文景观，感觉自己也像一位名家，可以书写出这样的名作。"由此可见，学生置身课外资源中，不由自主地就会跟自己已有的学习经验和生活经验形成链接和互动（这也是青少年的认知发展的必然规律和基本特点），语文教师只要稍加引导，从语文核心素养的要求出发，注重发掘课外资源中的语文学习价值，就可以很轻松地帮助学生主动建构我们丰厚的语文教学和学习内容。在这一过程中，教师看似起到了主动作用，但其实对于内容的建构和选择，都来源于学生，学生真正地成为学习的主动者和选择者。下文的学生作品，完成时已经距采风活动结束很久，是学生基于之前采风活动和语文课堂中学到的写作技能和知识、学科整合的知识以及对课外资源的感悟，而独立创作的作品。

◆ 学生作品

落寞麒麟洞（节选）

　　到了这么一个景色优美的地方，按说心情应该很愉快啊，但我到了这里，却怎么也高兴不起来，总觉得心里闷闷的，似乎还有一点点伤感。

　　那是因为，我知道这里曾经发生过的故事，我知道很久以前，张学良和杨虎城曾经被囚禁在这里，他们在漫长的、被囚禁的日子里，心里一定受着煎熬，一定是生不如死吧。他们正值壮年，壮志未酬，却无法到战场上去厮杀，为国家效力，只能被囚禁在这个偏远的、荒无人烟的地方，日日夜夜想着离开，却只能坐在这小院子中什么也做不了。他们置身于这美丽清幽的院子中，却无心看风景，眼前的美景他们都不曾去欣赏，青山仿佛把他们困住，让他们走不出去。绿树成荫，仿佛遮住了外面的阳光，让外面的阳光照不到他们身上。而他们眼中的麒麟洞，没有巧夺天工的钟乳石，只能让人感觉到阴冷潮湿和无边无际的、使人恐惧的黑暗。这里清幽无比，但他们却从不想要这种与世隔绝的清净，他们想要到战场上去搏斗，而不是这种没有任何自由的幽静；也许普通人在这里心情会很平静，但这两位将军的心情如何能平静，他们无时无刻不想离开这儿，翻过那座墙，到战场上去，他们不甘心，不甘心啊。自己那么年轻有为，现在却只能待在这尼姑庵里，这叫他们的心如何平静？那一个个寂静的夜晚，面对着空荡荡的、简陋的房间，他们一定辗转反侧，无法入睡，思绪万千，却无法倾诉。他们心里的不甘、落寞、哀伤与痛苦，是那么的深切，仿佛丝丝缕缕都融入空气中，使空气都变得沉重起来。

出了那扇门，跨过那道墙，就是自由，就是报效国家的机会，但是，因为"西安事变"，他们永远地失去了自由，但他们从来不后悔，为了国家的利益，即便失去自由，甚至失去生命也在所不惜。望着这院子，我的心里充满了伤感与惋惜，不禁感叹这两位将军坎坷悲惨的命运，但更多的还是对他们的敬意。今天，在人来人往、热闹非凡的黔灵山公园里，很少有人细细地去感受这里的一切，感受两位将军当年被囚禁时的心情，他们的落寞和痛苦又有几人知晓？现在，那座冷清的院子只能带着那些历史，那些回忆，静静地、落寞地待在那步道的尽头……

这篇游记散文只有几百字，但是展示着深厚的历史知识和文学素养。最为难能可贵的是，学生情感的抒发，真挚不做作。我们知道，散文阅读教学是语文教学的难点，散文写作更是难上加难。每一篇散文都具有独特情感和独特价值，这里说的独特就是散文的外在言说对象被作者赋予的特殊感情。而散文教学的现状就是，语文老师依旧试图强加给学生一种情感，而不是增加学生的阅读与情感体验，还原作者真实的思维路径。学生在这种体会不到真情实感的教学中，越发感觉到学科的无趣。而课外资源的合理建构和融入，一定程度上弥补了这一缺憾，真实可感的情境引发了学生一定的情感体验，文学的输出就成了必然。被动的信息输出逼迫学生去书写假经历、假情感，而真实的情感输出是学生对于课内外资源的深层加工和深层建构，更能做到"贵在有我，抒发真情"，那么这样真正有效的语文学习，又何必在意是发生在课内还是课外呢？

打破语文教材内容的壁垒

教材作为教师教学和学生学习的重要载体，不仅是实现教学目标，开展教学活动的主要媒介，还是发挥教育功能的重要途径。[①] 自 1903 年语文学科成为一门独立的学科，学界对语文教材的研究就一直未曾中断。我国的语文教材也一直不断地进行版本的更替，目的是使选文不断符合时代性、科学性、民族性等特点，达到文质兼美的标准。我国各省市的教育部门、教育研究者和教育实践者也进行了语文教材方面的探索，很多学校甚至根据本学校的课程顶层设计或者具体教学活动安排，研发了自己的校本教材，为本学校的语文课程规划服务。朱绍禹先生曾说："语文教材是人们期望最多，同时也几乎是非难最多的一种读物。"[②]

语文教师在对语文教材的使用过程中，存在如下几点问题：首先，语文教师应该做到"用教材教"，而不仅仅是停留在"教教材"的层面。现在有相当一部分年轻语文教师完全基于语文教材提供的结构、内容和顺序进行语文教学，忽视了学习者真正需要的语文素养，而没有调整、完善、建构新的语文教材体系和内容。其次，语文教师往往忽视了学生对教材内容的选择权和主动学习权，往往照本宣科，严格遵循学校的语文教学任务，按部就班地完成语文教材提供的教学内容，甚至有很多语文教师完全不使用语文选修教材和课外的语文学习材料。但是，正如我们上文所说的，语文核心素养的提升是一个综合的过程，它需要学习者与教师共同努力。学习者对学习内容的主动选择和主动建构对于有效学习语文也至关重要。在选择语文学习材料的过程中，学习者完成了与语文学习材料的深入互动，他们选择更有利于自己语文素养提升的教材内容和自己更感兴趣的语文学习材料，这不仅在一定程度上促进了他们的资源调动能力、资料整理能力，更为重要的是鼓励了他们自主学习。再次，语文教师对于语文教材内容或者其他语文学习材料的处理方式较为单一，多按照语文教材提供的六个基本系统（范文系统、知识系

① 杨梦. 现行部编版初中语文教材研究［D］. 南京：南京师范大学，2018.

② 朱绍禹. 中学语文教材概观［M］. 北京：人民教育出版社，1997.

统、助读系统、作业系统、图表系统、附录的联系）进行教学，单向输出语文教材内容提供的相关内容，缺乏创新性和灵活性。最后，语文教师在使用语文教材的过程中，更注重工具性，缺乏人文性和情感的投入。语文教材选文的标准是文质兼美，也就是说语文教材的选文要兼具人文性和工具性。目前，用语文教材选文进行教学的过程中，语文教师更为注重对学生记忆能力、语言运用能力等方面的培养，对学生进行了大量的语言方面的训练以及记忆方面的训练。过分看重语文教材的实用性，就会使语文教学的功利性更强，直接导致教学方式死板、课堂缺乏激情。学生在语文课堂上如果不能实现自我情感价值的跃升，那么学生对这门学科就会逐渐丧失兴趣，陷入恶性循环。

针对上述问题，语文教师可以采取"增""删""变"三种策略来突破语文教材内容对建构式对话教学造成的壁垒。

"增"，顾名思义，指对教材内容的增补，使教材变得充实起来。学生可以通过对一篇语文教材文本的学习，从历时和共时的角度补充材料，对所要学习的内容进行更为深入、更为立体、更为全面的探究。这就潜移默化地帮助学生提升了搜索信息、整合信息、提取信息等多方面的能力，有助于他们做到举一反三，通过对一篇语文教材内容的学习，掌握同类文本的学习方法和学习策略。在讲授泰戈尔的《金色花》这篇文本时，教师注意到很多学生对泰戈尔这位作家及其作品仍停留在初步接触的阶段，那么教师很难与学生共同领略泰戈尔散文诗中的深层内涵与审美价值。因此，语文教师设计了小组学习活动，并将其中一个小组设定为"拓展探究组"，为这组学生提供了非常丰富的资料包，并且设定了具体的情境和任务。具体展示如下。

拓展探究组展示

生1：泰戈尔表现了对宗教的见解和对神灵的敬重。《金色花》是《新月集》中的一篇文章，它以儿童的视角刻画了机灵的小孩子形象，也表现了作者的童心。

生2：金色花就像小精灵，在童话中只有精灵才能这样。

师：我们这节课能理解前面这个部分就足够了，但是如果我们对泰戈尔这位文学大家的作品的理解仅仅停留在这里，真的有点可惜。因为泰戈尔是第一位获得诺贝尔文学奖的亚洲人。在文章里面，这个小精灵就像一个小神灵，我们今后阅读《新月集》的时候还可以进一步了解。拓展探究组的同学还有要分享的吗，或者有疑问吗？

生3：为什么金色花想变成什么就可以变成什么呢？

师：谁找到答案了？

生4：它说的是"假如"。

师：诗歌中用了什么手法？想象、联想。我们只是利用这些手段抒发情感。

从上述的课堂实录中我们可以看出，教师根据学生的学习基础以及他们对具体教材文本的掌握情况，提供了深入理解文本内容的脚手架，帮助孩子们深入地了解了《金色花》体现的主题情感和审美价值。尤其培养了他们的整体思维意识，他们将这一作品放入《新月集》的背景中，再放入更广阔的作家创作的背景中。教师对教材内容的扩展和增补，为学生和文本搭建了一个桥梁，避免了学生对文本内容囫囵吞枣式地理解和浅显阅读。当然，教师对教材内容的增补一定是基于学生的学习需求以及学习基础而实施的。

"删"指的是对教材内容的删减。在上文中我们提到教师可以根据学习者的学习基础或是学习的基本情况，对一些文本内容进行扩充，这就必然导致了整体教学时间的压缩，这时候我们就可以对一些同类别的教材内容进行"瘦身"处理。因为我们已经通过同类文本的学习，实现了对所删减内容的课后学习或者课外学习。我们通过删减的方式引领学生深入理解学习某一类文章的方法和策略，使他们能够举一反三。例如，我在进行人教版七年级下册第一单元教学时选了五篇课文：《从百草园到三味书屋》、《爸爸的花儿落了》、《丑小鸭》、《我的童年》（语文读本）、《我的早年生活》（语文读本），这五篇课文同属于抒情类散文。为了提高课堂教学效率，使教学真正落到实处，学生能力有稳步提升，我采用了1+2+1的组合方式进行教学。

第一个"1"指的是教师精讲的一课，我们称之为"精讲引路课"。教师选定这一课是有一定标准的，不是随意而为。一般选择时要考虑两点：第一，这是本单元的重点篇目；第二，本课语文知识点能涵盖本单元其他几篇文章的重点，能通过指导实现举一反三的目的。比如该单元的《爸爸的花儿落了》就被选定为精讲引路课。选这篇课文的理由除了以上所说的两点外，还因为课文看似简单，一览无余，实则教会了学生阅读文章的方法。

组合中的"2"指"讨论合作课"。讨论活动课的选择要遵循两点：第一，学生感兴趣的课文。第二，课文中有能引发学生思考的一点，由此引发问题的进一步讨论。这一点可能是学生课上生成的问题，也可能是教师有意提出的问题。总之，这两篇课文是能不同程度地激发学生积极思考、探究的学习材料，如《从百草园到三味书屋》《丑小鸭》两篇文章均符合以上两个条件。

最后一个"1"，指从自读课本中选出两篇补充课文，学生可从两篇中任选一篇喜欢的学习，称为"咀嚼反思课"。选择课文要考虑选择与前三篇学习的文章类似的，对课文中的知识点比较熟悉的一篇，目的是用所学的知识、方法指导学习，做到知识的迁移。

◆ 精讲引路课

首先，教师授课时从整个单元的教学目标出发引导学生形成写景散文的思路，构建散文学习的体系。其次，教师以《爸爸的花儿落了》为精读课文，从微观上带领学生学习散文的写作方法，引导学生体会散文的真——真情感、真性情，在字里行间体会作者对生活的感受，引发学生与作者一道去思索，获得生活的启迪。最后，教师为学生搭建好平台，为学生提供良好的学习环境、调试好学生学习前的心理准备及知识储备，提供恰当的学习材料，为学生体验式学习做好服务工作。

例如，指导学习《爸爸的花儿落了》。

学习方法指导：整体感知（用一句话概括文章内容）——梳理结构（文

章写了几件事，请划分段落）——了解内容（品读文章，抓关键句、关键词，同时梳理情节线与情感线）——深入探究（文中疑难问题探究）——悟彻主题（文章升华，领悟作者情感思想的表达）

整体感知：本文写英子的爸爸对她严中有爱的教育和爸爸去世后她的人生体验，体会长大的滋味。

梳理结构：（侧重梳理情节）毕业典礼前一天去医院探望爸爸，爸爸嘱咐她不要迟到，回忆六年前因赖床不起受到爸爸惩罚，以及自己以后上学从不迟到的情形，忆起爸爸爱花的情形；回忆爸爸要她闯练，让她到东交民巷正金银行汇款给陈叔叔的经过；毕业典礼回来，爸爸去世，自己已经长大了。

了解内容：（侧重情感梳理）抓住每个情节的表达及心理感受的句子，我们不难看出，是在爸爸的教导下，英子越来越有担当了。

深入探究：为什么英子听到爸爸去世的消息后，写下这样一句话："我从来没有过这样的镇定，这样的安静。"这符合人之常情吗？

悟彻主题：爸爸的花儿落了，我已经长大了。（成长的故事）

◆ 讨论合作课

人是生活在群体中的，除了竞争还有合作关系的存在。不管是否真正关心集体的利益，群体总会产生互相依赖的关系。就学生而言，学习是与他人一起进行建构的过程，只有与同伴一起才能更好地认知、更快地解决问题。从学生的心理出发，他们也需要被关注、被认同，渴望实现自我，所以把《从百草园到三味书屋》《丑小鸭》两篇文章作为讨论合作课，组织学生进行学习。

学习形式：小组合作学习，先给学生学习的时间，用1—2节课，学生在自学的基础上讨论，最后汇报，其他人补充完善。

学习时间：课内讨论课。第一节课老师指导后，学生对内容的梳理不成问题。

例如，指导学习《从百草园到三味书屋》。

关于百草园，作者写了三件事：景物多样充满趣味；美女蛇的传说带来神秘色彩；冬季捕鸟乐趣无穷。

关于三味书屋，作者写了环境、读书、偷玩，留给作者深刻的印象。这些内容的学习非常顺利，可以说没有太多障碍。当学生研讨文章主题时，两种不同的观点顿时碰撞出思维的火花。

◆ 咀嚼反思课

这个环节又称为反刍课，也就是利用所学知识，指导自学实践，将知识内化的过程。学生利用语文读本上的两篇文章《我的童年》（语文读本）、《我的早年生活》（语文读本），根据自己的需要选择两篇中的一篇进行咀嚼反思。这一过程用知识迁移的方式替代重复性的课后反思，一方面消除了重复性学习带来的疲劳乏味，另一方面又是对所学知识的落实和检验，一举两得。

"变"指两个方面，首先是改变教材内容的使用顺序，其次是改变教材内容的使用方法。语文教师可以根据自己的教学目的重新建构语文教材内容的使用顺序，将其按照不同的工具性或者人文性的目标组合、编排，目的是更好地服务于学生的学习。比如，我们可以根据细节描写的教学安排，将细节描写的经典范文编排在一起。或者我们也可以选择某一个主题，将相关的不同类型的文本安排在同一主题单元下进行教学，也就是我们要基于同一个目的，或者基于某些教材内容的同质性合理整合，通过不同教学文本和教材内容的"组合拳"，共同实现对学生某一方面语文素养的集中提升。例如，针对《红楼梦》整本书教学，我校校本课程和校本教材的设计主要是从金陵十二钗的人物形象出发的，我考虑到金陵十二钗人物形象的典型性和学生人物描写学习的具体情况，将金陵十二钗的阅读教学和人物描写的写作教学整合在一起，当语文必修教材中再出现人物描写的写作教学内容时，就不再使用过多的教学时间去教授这部分内容。

课程实施对象：初一、初二学生

说明：因为这门课程以导读、鉴赏《红楼梦》为主要内容，所以我对学生的阅读量与理解能力有较高的要求。对于初一、初二的学生而言，由于年龄、经历与认知能力等因素的限制，能够通读《红楼梦》，并能初步读懂原著的学生并不多。因此，我对报此课程的学生提出明确的要求，即喜爱《红楼梦》，已经读完原著，或读过一半的内容，已经了解基本情节，能够初步理解原著内容或者读得一知半解的学生可以参加。

课程设想：

选定《红楼梦》进行校本课程开发以后，摆在我面前的问题是此课程应从哪个角度切入，因为校本课程的开发必须遵循学生认知的特点，才能真正有效实施。考虑再三，并结合我校学生的实际情况，最终选定从人物鉴赏的角度入手，因为《红楼梦》对人物的塑造是非常突出的。曹雪芹往往只用三言两语，就勾画出一个活生生的具有鲜明个性特征的形象。他笔下的每一个典型形象，都具有自己独特的个性，包括小说里的诗词曲赋，不仅能与小说的叙事融为一体，而且这些诗词的创作也能为塑造典型性格服务，做到了"诗如其人"，具有永久的艺术魅力。当然，我也不可能把小说中的人物都讲到，因此，我选择以最具代表性的"金陵十二钗"开篇。

校本课程《红楼梦》人物谱之"金陵十二钗"，教师通过导读，带领学生走进《红楼梦》神奇瑰丽的世界，感受世间百态，赏析各色人物，从中汲取思想、精神和文学上的营养，形成正确的世界观与人生观，培养健全人格，并提升自己的文化品位。另外，在对人物的赏析中也会带领学生欣赏诗词曲赋，这无疑也是一次美的熏陶。

基于初中学生对《红楼梦》的阅读与接受的程度，整个教学过程以教师引导、赏读为主，并适当发挥学生的主体作用，让学生自己阅读小说，动手搜集资料，交流阅读、鉴赏心得，由此提高学生的鉴赏能力，锻炼学生的思维与表达能力，培养团结合作精神，增强学生的自信心。

课程目标：

1. 梳理《红楼梦》有关"金陵十二钗"的内容与情节，了解"金陵十二钗"的相关内容及人物形象的特点。

2. 学习鉴赏小说的基本方法，初步把握小说的艺术特性，同时培养学生对人物形象的分析能力，并形成自己的感悟与体会，提高认识，提升学生的文学素养。

3. 培养学生阅读中国传统经典名著的兴趣，提升阅读品位，提高文学鉴赏能力。

4. 陶冶情操，领会我国传统文化的博大精深，培养学生对中国传统文化的热爱。

课程资源：

为了更好地推进校本课程的开发与实施，提供课程资源如下。

1. 资料：电影《红楼梦》、电视连续剧《红楼梦》（1987 年版）、歌曲、图片，供学生赏析，便于学生理解，同时丰富了课程内容与形式。

2. 课程大纲：列出课程安排及主要内容。

3. 课程讲解：教师针对《红楼梦》中的人物进行导读、鉴赏。

4. 课件：将部分讲解内容以课件形式呈现，加深学生印象。

5. 参考书目：提供与课程学习有关的参考书目。

6. 学习网站：提供有关《红楼梦》研究的较好的网站。

同时，在讲授《红楼梦》人物的过程中，我也与学生共同学习名篇名家书写典型人物的方法和技巧，并且将必修教材中关于描写的习作课程与名著阅读编排在一起。学生通过对范本的学习，加之语文教师提供的支持资源，能够较为迅速地掌握描写典型人物的方法，这就实现了 1+1>2 的教学效果。除了完成人物描写的写作教学任务，很多学生通过名著和写作内容的组合学习，激发了对特定内容的写作欲望，对这一内容进行了自发的随笔式写作。

悲剧女孩

通过这学期的学习，我对《红楼梦》人物有了更深的认识，其中，我对林黛玉印象最深。她娇小、柔弱，有一种"捧心西子"的病态美；她以强烈的自尊掩饰寄人篱下的自卑；她小心眼的背后却是真诚；她努力追求属于自己的爱情。她似乎很早熟，相信爱情神话"木石前盟"，希望爱情能点石成金，可最终却没有获得幸福，她的爱情悲剧深刻显现出了封建社会的黑暗与人性的冷漠。于是，她寄一切于泪水中，（也许是前世泪水太多的缘故吧），"黛玉葬花"就是其中一个典型的代表。娇艳的鲜花惹得女孩们追逐嬉戏，只有她独自走到繁花丛中，看到花开花落就联想到了自己，竟伤心地哭了。

"可叹停机德，堪怜咏絮才！"在父亲林如海的熏陶下，林黛玉可谓大才女，堪称"金陵十二钗"之首，这也让宝玉十分敬佩。她思想开放，从不像宝钗那样要求宝玉读书，这正合反对封建礼教和仕途经济的宝玉之意，我想，这正是他们相爱的缘由吧。

纵观林黛玉的一生，风风雨雨，儿女情长，而她的人生与爱情的悲剧也是时代的悲剧，是社会的悲剧，使生于几百年之后的新中国的我们陷入深思，也使我们为生于当今时代而庆幸。

"变"指的是教材内容使用方法的改变，语文教材的编排虽然有一定的系统，但语文教师可以不必严格按照语文教材的系统编排和内容要求进行设计。我们可以利用文本元素之间的互通，改变教材内容的使用方式。比如，我在日常教学中，经常将戏剧的元素融入文本阅读教学中。在小学、初中阶段，学生的想象、判断、概括等思维能力虽然处于比较活跃的状态，但是仍不稳定，从语言文字中感受人物形象会有一定障碍。在这个时候，语文教师可以通过将戏剧元素融入语文文本内容的学习，使文本故事情节通过艺术表演再现出来，这个转化过程将学生的抽象思维和具体生活形象对接，就会产生不一样的感受力。因为戏剧的结构并不是按照事件发生的顺序平铺直叙展现的，而是有目的、灵活地截取生活某一个横断面来构建作品的主题的，内容更加灵活，矛盾更加尖锐，情节更加集中，人物性格更加鲜明。戏剧的结构非常注重横断面的描写，把人物的经历和事件都压缩在若干场面中，从人物的矛盾冲突的状态中，从剧情高潮的状态中集中表现人物性格特点，塑造艺术形象，反映深刻的主题。一般来说，从课本到戏剧的改编方式有两种：一种是"移植式"，即把原著几乎原封不动地展现在戏剧舞台上，戏剧忠实原著，承认原著的超验地位；一种是"注释式"，采用原著的某个人物或某条情节线索，根据当前现实的需要重新安排故事结构，对其进行丰富、拓展。在语文课上，我通常采用改剧本的方式让学生对课本进行二次创造。例如，我们学习《背影》时，我和学生一起把朱自清的《背影》改编成四幕剧《回家办丧事》《送行》《买橘子》《家书》，请看第四幕《家书》：

朱自清在家里读父亲的信：

我身体平安，唯膀子疼痛厉害，举箸提笔诸多不便，大约大去之期不远矣。

儿子：父亲，爷爷的信，你念给我听啊。

朱自清：好。

儿子：爷爷膀子疼痛，为什么还要给我们写信啊？

朱自清：因为他想爸爸啊。爷爷少年离家，做了许多大事，然而老境颓唐。他心中郁闷，前几年我们极容易争执。这几年，他年纪大了，我们又不在身边，他非常挂念我们。

儿子：我也挂念爷爷，好多年没有见他了。

朱自清：你还记得爷爷吗？

儿子：记得，我心里的爷爷胖胖的，很爱笑。爸爸，你心里的爷爷是什么样的？

朱自清：我心里的父亲呀，是那个蹒跚的背影，穿着黑色棉袍。

（旁白）朱自清的一生充满了对亲人的关爱和柔情。他的弟弟、妹妹都是靠朱自清微薄的工资和稿费完成的学业，而且都取得了杰出的成就。二弟朱物华考入上海交通大学电机系，后又进入哈佛大学深造，获博士学位，任上海交通大学校长。三弟朱国华考入厦门大学法律系。他的妹妹朱玉华毕业于南京师范学校，一生从事教育工作。

　　课文中反映家书的内容就一句话："我身体平安，唯膀子疼痛厉害，举箸提笔诸多不便，大约大去之期不远矣。"这里有很大的留白，给学生把自己的生活经验填补进文本的想象空间，引导学生在书信的多重信息中回归自我真实的生活。学生改编时，我引导他们采用"注释式"的改编方法，让学生在最自由的文本阐释空间中发挥他们的想象力，创作的过程恰恰是学生深入解读文本的过程。教师非常巧妙地利用戏剧的结构技巧和舞台艺术，生动地再现了父亲的形象，以及父亲对朱自清的影响，使学生在演出中深深体味到了父爱，提升了语文教学艺术，凸显出了戏剧艺术的教育魅力。同时，戏剧元素的融入，可以让学生在演出实践中走出教材、走出课堂、走向舞台，让学生成为学习的主人，戏剧表演打通了具体的时空状态和身份界定，学生、家长、教师通过剧中特定的角色表达，实现了教育情境中人与人的心灵交流。在戏剧学习的方式中，学生对扮演角色的认识，特别是对人物情感的把握和对主题的理解都更为深刻。

　　再比如，我们可以选择一些主题内容，使用探究性、研究性的任务进行驱动，突破教材中原有的较为单一的内容驱动。例如，课文《邓稼先》后面有这样一道"研讨与练习"：

　　从图书馆查找、从网络上检索关于邓稼先等我国"两弹一星"科学家的资料，分别为他们写小传，然后全班出一期题为"星光闪耀"的墙报。

　　教材中的这一问题虽然调动了学生的写作能力、查找信息能力以及合作学习的能力，但是习作形式和内容仍旧比较单一，比较古板。考虑到学生在课堂上的良好表现以及他们在人物习作方面的良好基础，在上完《邓稼先》之后，我布置了一个研究性学习任务：

　　在生活中选取一位你相对了解的科学家，查找资料，选择自己喜欢的方式把它写下来，并在班级沙龙中进行交流。

　　完成这项作业历时两周，给予学生充分的自主选择权；选取对象是科学家，至于具体选择哪位，完全由学生做主；表现形式要求物化成果，大家完全可以根据自己的特长选择合适的形式，可以写小传，可以写研究报告，可以出一期专刊，还可以写成脚本等。总之，除了规定完成时间外，其他完全由学生自己做主完成，教师根据每个学生学习遇到的问题，给予指导帮助。对这项作业，学生表现出极大的热情，作业效果也是出人意料的好。可见，我们对于语文教材内容的灵活运用可以产生更好的教学效果。

提升语文本体知识的理解

语文学科本体知识是指本学科内最为重要的基本知识，包括语言学、文学、文艺学、文章学等知识，以及对这些领域内部的具体内容、基本概念及其相互关系的理解。对于语文课堂中学生需要掌握的语文本体知识，众多学者都提出了自己的见解和看法。魏书生在 20 世纪 70 年代将语文知识画成结构图，主要以树型结构呈现，将语文知识分成基础知识、阅读与写作、文言知识、文学常识四个大枝干，在此基础上再细分成 22 个子分支。① 有学者认为语文知识分类包含了陈述性知识、程序性知识和策略性知识。王荣生认为语文本体知识技能应该包括"听、说、读、写"四项基本技能，后来他还提出语言学、文学、文章学和心理学，是支撑语文学科的四根支柱，并由此构建语文学科体系。② 在众多学位论文以及学术成果中，也有很多学者对语文学科本体知识进行过相应的探讨。无论学者对语文本体知识如何界定，我们可以知道的是，语文本体知识一定是学习语文的基础和重要物质材料。在强调语文素质教育，大力发展语文实践活动的背景下，在现实教学实践中，存在着矫枉过正的情况，过分强调活动的新颖和丰富，舍本逐末地忘记了对语文基本知识和基本技能的训练。在建构式对话教学的理念指导下，我们设计的语文教学活动看似轻松，实则复杂。语文教师要时刻把握语文本体知识的特点以及学生对语文本体知识的掌握程度，基于此，与学生共同选择和建构合适的语文教学内容，与轻松的语文教学活动结合在一起。

比如，我曾经带过王选实验班，这是八十中学的特色实验班，按照惯例，

---

① 邱福明. 语文课程知识的存在论研究 [D]. 济南：山东师范大学，2013.

② 王荣生."语文学科知识"概论："语文学科知识精要"开篇语 [J]. 语文学习，2011（11）：11-15.

班级每年都会组织一次有关"王选精神"宣传的语文实践活动，主要目的就是让学生认识王选，这位对中国印刷业做出重大贡献的科学家，了解他的事迹，感受他的精神。根据当时的教学情况，我认为学生在信息提取、信息整理方面的能力较为薄弱，就想到了王选的一生有六次重大选择，正好可以让学生进行一次梳理，缩减材料，概括他的一生。同时，我发现当时班级里的学生开始读《汪国真诗选》，这次活动正好评估一下他们读诗、写诗的学习进展，用信息输出的方式带动他们学习的热情。最后，我也利用了戏剧的元素，设计人物独白，再现王选的心理，通过话剧表演的形式展现出来，这不仅有利于学生对人物内心世界的探索，也有利于学生对戏剧这一文体的深入掌握。

◆ 方案设计

活动名称：悄无声息地展现文学才华——王选语文实践活动

活动班级：初一（2）班

活动主题：学习王选精神，点燃青春梦想

活动目的：

1. 了解王选，学习王选精神。

2. 在今后的学习、生活中发扬王选精神。

3. 形成积极、拼搏、严谨、崇尚科学的班级风貌。

4. 在活动中，潜移默化地锻炼语文能力。

活动过程：

（一）准备阶段（辅导选材梳理）

1. 搜集有关王选教授的书和文章，编写成材料，并把材料发到班级邮箱。

2. 召开班干部会，群策群力，制定班会方案。

3. 根据班级同学的特点，进行分组，包括编辑组、创作组、表演组、朗诵组、执行组。

（二）活动过程

第一阶段：

1. 下发有关王选的资料（18篇评论性文章、有关王选的书），读这些资料，梳理王选一生的主要事迹。

2. 班级每位同学给王选写一首小诗，表达对他的敬仰之情。由编辑组选择其中较好的诗作，作为班会朗诵作品。

3. 剧本组在学生梳理王选事迹材料的基础上，编写剧本。

4. 教师指导剧本组再次修改剧本，达到表演的要求，并确定话剧的名称《我心飞翔》。

第二阶段：

1. 确定话剧表演人员，诗歌朗诵人员。

2. 表演组编演小话剧，朗诵组朗诵诗歌，教师指导。

3. 确定主持人，编写主持词。

4. 彩排衔接。

第三阶段：

1. 参观王选陈列室。

2. 召开主题班会，学生汇报。

（三）总结

每阶段各组组长会对同学们的表现进行评价，教师在指导过程中及时总结表扬。

◆ 活动效果

1. 学生了解了王选，开始学习王选精神，在他们的作文中，经常提到王选对自己的影响。

2. 在班会的编排中，学生展示了自己的才华，增强了自信心。

3. 初一（2）班初步形成积极、拼搏、严谨、崇尚科学的班级风貌。

4. 通过活动，学生学到了很多语文知识，提升了语文素养。

　　在最后的展示环节，学生参与度非常高，场面非常热烈，掌声不断。但在看似火爆的实践活动中，教师时刻牢记着要通过具体的主题去建构学习者真正需要的语文本体知识。下文是学生的学习成果。

◆　学生作品

<table>
<tr><td align="center">英　雄</td><td align="center">印刷在心间的名字</td></tr>
<tr><td>他，是一朵缥缈的云</td><td>手中捧着杂志</td></tr>
<tr><td>没有名利能将他染色</td><td>心中想着王选</td></tr>
<tr><td>虽然这世界有着一摊摊墨汁</td><td>是他让文字的出版</td></tr>
<tr><td>但他来时去时都是一样的澄澈</td><td>变得如此方便</td></tr>
<tr><td></td><td></td></tr>
<tr><td>他，是一棵刚强劲松</td><td>轻轻抚摸着键盘</td></tr>
<tr><td>没有险阻能将他击垮</td><td>心中想着王选</td></tr>
<tr><td>虽然这世界有着一粒粒沙</td><td>是他让文字的显现</td></tr>
<tr><td>但他枯时荣时都是一样的挺拔</td><td>变得如此简单</td></tr>
<tr><td></td><td></td></tr>
<tr><td>他，是一枚火热心脏</td><td>我们谁也忘不了王选</td></tr>
<tr><td>没有冷语能将他熄灭</td><td>他为了华夏儿女</td></tr>
<tr><td>虽然这世界有着一层层冰霜</td><td>消耗了自己的时间</td></tr>
<tr><td>但他静时动时都是一样的鲜红</td><td></td></tr>
<tr><td></td><td>我们谁不称赞王选</td></tr>
<tr><td>他，是华夏汉字的一道电流</td><td>他的先进技术</td></tr>
<tr><td>没有黑暗能阻挡他前行的脚步！</td><td>远远超越了祖先</td></tr>
<tr><td>他，是炎黄子孙的一颗星星</td><td></td></tr>
<tr><td>没有阴霾能遮蔽他闪耀的光辉！</td><td>他是迎着傲雪绽放的梅</td></tr>
<tr><td>他，就是王选</td><td>他是出淤泥而不染的莲</td></tr>
<tr><td>他，是一位伟人</td><td>他是经得起千击万磨的竹</td></tr>
<tr><td>他，更是一位英雄！</td><td>他是当代毕昇</td></tr>
<tr><td></td><td>王选，他的名字早已印刻在我们心间</td></tr>
</table>

◆ 学生改编的剧本

我 心 飞 翔

（旁白）"只要你读过书、看过报，你就要感谢他。"他叫王选，北大教授，两院院士、当代毕昇。请注意，他的贡献不只是在技术方面。在为自己先进的科学技术开辟道路的岁月中，这位戴眼镜的教授不得不去"攀登"产业的高山——之所以使用"攀登"一词，是因为要把技术转化为产品，事实上比科研更难。然而，要真正认识王选，还得首先忘掉他的成就和荣誉，这要从他人生中第一次乃至以后的一次次选择说起。

（旁白）1954年，是王选进入北京大学学习的第二年，正值19岁青春年华的他面临着人生的第一次抉择。

王选：到底应该选择数学专业还是计算数学专业呢？数学专业是同学们比较喜爱的热门专业，计算数学是一个冷门专业，对我来说这真是很难的抉择。问问我的心，应该选择什么，北大应该继承优秀教师讲基础课的传统，对！选择先生们走的路，坚持走下去。这个抉择是一次冒险，先生不是说过"无限风光在险峰"吗？对！尊重自己的内心，兴趣将是我一生的幸运。

（旁白）1961年，24岁的王选做了一生中最重要的决定，就是在几年硬件设计学习的基础上，投身到程序设计领域中。

王选：投入到软件领域，而且是硬件和软件相结合的这种研究，使我豁然开朗，似乎一下就找到了创造的源泉。维纳不是说过："在已经建立起的科学部门间的无人的空白区上，最容易取得丰硕的成果；在两个领域交错的地方，最容易取得丰硕的成果。"当人们对一个新的构思说"Can't do"时，最好的回答是"Do it yourself"。

（旁白）王选20多岁的时候，有一个习惯，做一件事情，总是先研究国外的状况，熟悉一下最新的进展是什么，所以他就着急看文献。但是在看英文专业文献时，他觉得每个字都认识，每个语法都懂，但就是看不快，于是就想通过听加快了解国外科技的发展状况。他决定锻炼英语听力，于是从1962年开始，听了整整4年。

王选：大家都说我是疯子，都什么时候了还敢"收听敌台"，其实，我没有什么别的想法，我的快乐是建立在科学研究基础上的。即使是枯燥的英语听力训练，对我来说也是快乐的，我就是想了解外国的研究进展。不过，说实话，听英语确实大大提高了我的单词量，最近在阅读外国文献的过程中，我觉得速度提升了很多。什么也不会阻挡我研究的脚步，我好像看到了前面的曙光。

（旁白）1975年，王选开始从事照排并采用了与众不同的技术——他决心要跳过日本流行的第二代照版系统、美国流行的第三代照版系统，研究国外还没有商品的第四代激光照版系统。可惜当时王选还是一个无名小卒，别人根本不相信他。他们觉得这简直在开玩笑，说："你想搞第四代，我还想搞第八代呢！"甚至还有人当面对他说："别在玩弄骗人的数学游戏了。"

王选：受到西蒙·奎因的鼓舞后，我开始向着目标进发了。从1970年自己动手做，一直做到1993年的春节，这个项目我已经做了20多年。20多年里没有任何节假日，没有礼拜天。大年初一都是一天三段在那儿工作，上午、下午、晚上，工作、工作，还是工作。也许你会问我累吗，我会说"累"；也许你会问我苦吗，我会说"苦"，但是一个献身于学术的人再也没有权利像普通人那么生活。我必然会失掉常人所能享受的不少乐趣，但也能得到常人享受不到的很多乐趣。看到全国的报纸，99%都用了北大开创的这种技术，这种既感动又难以形容的心情，是一种享受。看到自己劳动的成果，自己创造的东西，那种享受是难以形容的。一切的苦和累都烟消云散，因为我背后有我的祖国。

（旁白）20世纪80年代初，王选逆潮流而上开始致力于科研成果的商品化、企业化，今天人们都讲北大方正有名又有利，不知道当时他们的艰难。到1986年也没人讲要把技术变成商品，但王选认为这是对国家有利的，不管怎样也要坚持不懈地走下去。

王选：我很赞赏一句话，"一心想得诺贝尔奖的，得不到诺贝尔奖"。老想去追求诺贝尔奖，他怎么可能会专心致志做学术研究呢？一个人最可贵的是把一个冷门的东西搞成热门。我们不要去追求科学以外的东西，应该把自己的未来，把自己的能力培养跟社会需要结合在一起。商业化和技术化结合的路现在大家很不理解，我觉得搞科学研究的就应该为社会贡献出自己最大的力量。

（旁白）从1992年开始，王选花了很大的力量扶植年轻人——让年轻一代出来逐步取代他。扶植年轻人，他觉得是一种历史的潮流。他要创造条件，把青年们推到需求刺激的风口浪尖上。在这方面他要创造一切条件让年轻人出成果，他要打破论资排辈的风气。

王选：我怎么形容自己呢？我觉得我是"努力奋斗，曾经取得过成绩，现在高峰已过，跟不上新技术发展的一个过时的科学家"。我们看世界上一些企业的创立者、发明家，没有一个超过45岁的。王安创业时是30岁；英特尔的三个创立者，最年轻的31岁，另外两个人也不到40岁；苹果公司的开创者也只有22岁；比尔·盖茨创办微软的时候19岁；雅虎创立者成功时也不到30岁。所以创业的都是年轻人，要看到这个趋势。"我的一生有10个梦想，5个成为现实，另外5个需要我与年轻人共同实现。"所以，年轻人，未来在你们手里。

（旁白）2000年9月，劳累过度的王选病倒了，10月4日他被确诊为肺癌。治疗间隙，除了参加活动，他主要做了两件事情，一是写文章，他要把他用心血换来的体会供后人参考，再就是关心帮助年轻人，他已把生死置之度外。

王选：人总有一死。这次患病，我将尽我最大的努力，像当年攻克科研难关那样，顽强地与疾病斗争，争取恢复到轻度工作的水平，我还能为国家做一些力所能及的事情。一旦病情不治，我坚决要求"安乐死"，我的妻子陈堃铱也支持这样做，我们两人都很想得开，我们不愿浪费国家的财力物力和医生们的精力，并且死了以后不要再麻烦人。我对国家的前途充满信心，21世纪中叶中国必将成为世界强国，我能够在有生之年为此做了一点贡献，已死而无憾了。

（旁白）2006年2月13日，与病魔顽强搏斗了5年零4个月之后，王选爷爷安详地离开了我们。2月19日，北京八宝山革命公墓，天空少有的晴朗，是哀伤的泪水洗去了云絮吗？阳光鲜有这般明媚，是他留给世界无憾的微笑吗？

（旁白）王选，这个名字似乎就意味着他的一生要进行很多次选择。可是您每次的选择都带给我们后来人那么多的思考。此情可待成追忆。

（旁白）王选爷爷，您说的每一句话都会深深印在我们心间，您对科学的每一步认真探究都鞭策着我们前行。请您见证我们的努力。

书写王选的自白故事也是各种语文本体知识的高度融合。在这个环节中，要求学生对王选的个人经历与事迹的相关材料进行深入阅读，并且利用信息提取能力将经历梳理为六个阶段，并进行总结和概括。同时，学生也要对王选这一人物的整体形象和性格有全面的感知。最后，学生需要结合自己学过的写作知识和写作技能，还有对习作修改的知识，对作品进行修改。

通过修改习作作品，学生在叙述视角的转换、凸显人物的典型性格以及语言的准确应用方面都愈发娴熟。虽然是在活动中开展的综合性学习，但学生始终没有忽视对语文本体知识的建构和掌握。

建构教学策略及方法

教学策略及方法指教师根据语文学科特定主题、内容的教学要求和学生学习发展的需要所采用的内容组织方式、教学方法，是有关于"怎么教"的问题。传统的语文课堂教学存在以下几个现实问题：首先，教学流程落后、呆板。绝大多数语文教师完全根据预设的教学目标展开教学活动，哪怕在课堂上有新生成的教学目标，语文教师仍旧"一板一眼"地按照教案开展课堂活动。教学策略的落后与呆板也体现在教学策略和方法完全按照教学大纲或所用教材的建议的选择和使用上。其次，忽视学生的个性化需求。虽然教师是教学策略及教学方法的主要使用者，但是选择教学策略的原则应该源于学生的学习兴趣和学习基础。教师应该针对学习者的情况进行目标的设定、活动的设计，甚至很多策略和方法是在课堂教学过程中与学生共同建构起来的。再次，教学内容组织过于随意。知道"教什么"非常重要，知道"如何教"更为重要。内容组织指教师根据语文学科知识内容的特点和学生认识规律选择合适的内容组织方式。某些教师面对浩如烟海的语文教学内容和语文教学材料时，会随意对其编排和处理，同时，所使用的教学方式也不正确。最后，对教学方法灵活性的理解矫枉过正。一些教师为了使用更丰富、更灵活的教学方法，忽视语文学科的课程价值。使用教学策略与方法的根本目的是帮助学生提升语文学科核心素养，而不是在课堂上舍本逐末。诚然，语文教师采取灵活多变的教学策略和方法的确有助于提升课堂的活跃氛围，增强学习者的学习兴趣，但如果能充分思考教学策略的选择是否与其他教学环节相对应、是否能有助于凸显语文学科的独特价值、是否可以促成学习者的有效学习则更为重要。

重塑教学内容的组织方式

教学内容组织方式指教师根据教学目标的要求及教学对象的具体情况如知识储备情况、认知风格情况等，对教学内容的数量、质量、深广度、难易度和知识序等处理过程的呈现形式。① 重塑教学内容的组织方式，首先要遵循以学习者为本的原则，我们对教学内容进行重新处理和编排不是为了改变，而是要根据学习者的学习基础和认知基础去建构最适合他们的教学内容。其次要遵循高效的原则。语文教师对教学内容进行重新组织与安排，是在综合考量学习任务和学习者的学习情况的基础上，利用数量更少，程度更深的教

---

① 赵成艺. 初中科学教学内容组织方式有效性的研究 ［D］. 金华：浙江师范大学，2010.

学内容完成更大范围和更深层次学习者语文素养的综合提升。在这一过程中，我们最需要把握的就是如何利用典型化的内容对多方面的语文素养进行调动和提升，也就是如何更高效地设计和完成语文教学活动。比如，在讲授《骆驼祥子》整本书阅读教学过程中，绝大多数语文教师可能会从人物、主要情节、主题思想和艺术手法等方面去探究，但其实这些方面是密不可分，相互勾连的。因此，在学生阅读《骆驼祥子》整本书的过程中，我请学生反复书写对祥子这一人物形象的阅读感受，随后我再请学生书写对书中其他次要人物形象的阅读感受，目的是通过对固定的教学内容的深入组织和安排，让学生习得阅读这类小说的方法。在学习成果展示课上，我首先以小组合作的方式，让学生对文本中的次要人物进行了梳理，在这一过程中，我发现学生虽然对虎妞、刘四爷、小福子、老马四位次要人物的性格有基本的掌握，但是仍较为浅显，只能从一些基本的情节入手，对情节背后所隐含的深层含义和文化内涵体会不深，因此我从多维视野出发，帮助他们梳理出有关人物的丰满形象理解小人物背后隐含的深层含义。下文呈现的是学生关于小福子的学习成果。

　　生：我们组抽到的是小福子，下面我给大家讲一下小福子的故事。我叫小福子，生活在一个五口之家，我的生活并不幸福。我的父亲二强子打骂儿女，不求上进，一天到晚只会想法子弄钱喝酒，喝完酒之后就把自己对生活的痛恨全部发泄在我的身上，简直是无可救药。他算哪门子父亲？我曾经想过逃离这个家，可是当我的目光触及两个弟弟时，我的心就又软了下来。他们并没有错，如果我就这样逃走了，他们的下场会怎样呢？我不敢想，所以我不能逃走，我要负起他们生活的重任，我得养活他们，等将来我有钱了，我一定会带着他们逃走，离二强子远远的，谁都找不到我们。后来，二强子为了钱把我卖给一个军官，我以为至此可以过上好日子，可没想到这军官比二强子好不了多少，每天吃喝玩乐，不痛快时就拿我撒气，我根本不是什么姨太太，只是一个玩具，一个可以随时被他抛弃的玩具。每当我跟他走在街上，总会引来羡慕的目光，可我真是哑巴吃黄连，有苦说不出啊！那些表面风光无限，背后阴暗的日子我受够了，后来二强子失手打死了我母亲，军官也弃我而去，我回到了家中，担负起照顾两个弟弟的重任，我没有办法只能卖身养家。虎妞呢，她是这个院子里唯一向我表示过善意的人，她会与我聊天，听我讲故事，她把我当朋友吗？也许吧！但有时她也让我难以理解。她解释时不敢直视的眼神，蹩脚的借口，支支吾吾的语言，我都懂。但是我不敢反抗，也不敢揭穿，我怕被他们赶出去，弟弟们也会跟着我流离失所，没有其他办法，我只能忍。后来，虎妞难产去世，我陪着祥子哥，安慰他，尽我所能去帮助他。渐渐地，我发现我喜欢上他了，他是个忠厚老实的人，与我以前见到的男人不一样，他待我也很好，我想与他共度余生，我向他表达了自己的心意，可是他却没有直接回复我。我都懂了，那些难以启齿、那些脸红，廉价又可笑。他只是告诉我，等他混得好些，他会回来找我。我都懂，爱与不爱，得由金钱决定，可我还是先等着他。可二强子为了钱把我抵押给了白房子，从那时起，我知道这一生我都不可能跟祥子在一起了，我无法容忍我自己脏，我要死也要体面地死，我无法苟延残喘活在这世界上了。那一天，一个男人来到我的屋子里，我将他灌醉，偷走了他的衣服，跑进了小树林，我将绳子系在树上，这时我突然想起了我多灾多难的一生，想起了我与祥子哥没有结果的爱情，我不禁朝天空大喊："祥子哥，我们来世再见"！

……

随后，教师发布第二个关键任务，以小组为单位，结合自己的读书笔记和旁批补充选取人物的典型情节，进一步丰富人物形象，并且将这些小人物整合起来，梳理小人物的命运在当时有何相同和不同之处，进一步发掘小说背后的文化内涵。

（PPT 呈现）

探究问题：是什么原因造成这些小人物的悲惨命运？

（PPT 资料补充）

"被撤差的巡警和校役，把本钱吃光的小贩，或是失业的工匠，到了卖无可卖，当无可当的时候，咬着牙，含着泪，上了这条死亡之路。"

——摘自《骆驼祥子》P2

"生长在乡间，失去了父母与几亩薄田，十八岁的时候便跑到城里来，带着乡间小伙子的足壮与诚实，凡是以卖力气就能吃饭的事他几乎全做过了。可是，不久他就看出来，拉车是件更容易挣钱的事……"

——摘自《骆驼祥子》P4

"战争的消息与谣言几乎每年随着春麦一块儿往起长，……还没拉到便道上，祥子和光头的矮子连车带人都被十来个兵捉了去！"

——摘自《骆驼祥子》P12

"你，你呀，我的傻兄弟，把你放了像放个屁；把你杀了像抹个臭虫！拿钱呢，你走你的；不拿，好。天桥见！别磨烦，来干脆的，这么大的人！再说，这点钱也不够我一个人独吞了，伙计们都得沾补点，不定分上几个子儿……"

——摘自《骆驼祥子》P86

师：我给同学们提供了几条信息，不知对你们分析原因是否有帮助？

生：结合以前学过的小说的经验，再加上老师提供的信息，我坚信他们的命运是社会造成的。

师：能说得具体点吗？

生：生活在祥子周边的人紧紧包围着祥子，小福子的死是压倒祥子的最后一根稻草。

师：小说通过祥子周围人物及人际关系的描写，真实地展现了那个黑暗社会的生活面目，展现了军阀、特务、官员们的丑恶面目，以及由他们织成的统治之网，经济的凋敝，兵匪的鞭子，杨先生的盘剥，刘四爷的奸诈，孙侦探的明抢，洋大夫的冷漠，这是一座千真万确的地狱！在这张无形的大网的笼罩下，虎妞惨死，小福子上吊了，老马爷孙也死了，祥子也不例外。

（PPT 呈现）

"骆驼祥子这样一个具有骆驼一样坚韧的生命力的车夫，在生活的磨难和生活的摧残中丧失了一切好品行，最后沦落成为野兽群中的一员，成为社会黑暗的一部分。"

——兰州大学中文系教授、老舍研究会原会长吴小美

师：祥子生活"网"中的人从不同层面、不同角度，在不同程度上对祥子的命运产生着影响，就连祥子也难逃厄运。冷酷黑暗的旧中国社会，是一个不能让人活的社会。与其说他们的悲剧是个人的悲剧，不如说是生活在社会底层的人的共同悲剧，更是那个旧时代的悲剧。

（教师板书：经济凋敝、军阀混战、特务横行、官员生活糜烂）

师：我们读小说，眼界要宽，要把小说放在社会背景这样一个舞台上，把人物形象放在整本书中来看。

（PPT 呈现）

任务四：请结合自我读书的感受，完成一个口头微写作任务——"我想对你说"。

示例：小福子，我想对你说。当我第一次在《骆驼祥子》中看到你的时候，我就深深地为你的命运所牵挂。你是那样的命苦。正值花季的年龄，你却被卖给一个军官做小，玩弄够了，又像一块破抹布被抛弃了。你是那样坚强。妈妈死了，两个弟弟年幼，身无分文，你这个瘦弱的小女子，无奈地出卖身体，担当起养家糊口的重任。你是那样勇敢。当你被卖到窑子的时候，你就知道你再也没有机会和祥子走到一起了，最后不愿遭受屈辱，而勇敢地走向你的天堂。小福子，我想大声对你说，在我的心里，你永远是一位善良、淳朴、干净的好姑娘。

（学生汇报）

师：在新时代，我们尽情享受我们的师生情、亲情，以及友情！希望大家永远做一个好人，今天的课就到这，下课！同学们再见！

上文通过多重方法对文本同一内容组织编排，帮助学生从多维视角建

构丰满的人物形象。语文教师与学生不断通过编织"祥子"这个人物的关系网，梳理出整部作品的情节网和主题网，学生在这个过程中，也自然而然地对艺术手法有了全面的掌握。语文教师没有按照固有的编排内容对教学内容进行讲授，而是对固定的教学内容用不同的方式进行重新编排。针对整本书阅读这一独特的教学内容，如果语文教师还一成不变地按照我们解读单篇文本的方式对整部作品进行解读，那么就会将整本书的内容肢解。

更新多种素材的使用策略

教学素材指教学材料或学习资料，是教学内容的载体，一般包括教科书、教学参考资料、教学模型、多媒体等形式，以及教学时除教科书以外所需要的各类材料。语文的外延就是生活，在日常的语文教学实践中，除了教材，语文教师还应该将多种教学素材引入教学设计中，并且改变传统的使用策略。除了教材中提供的素材，我们还可以将时政素材、影视素材和生活素材引入语文教学中。时政素材指的是根据课程标准、学生的学习情况、教师的教学安排选取的对人民生活产生影响的、未经加工和提炼的社会热点事件或问题的，能够帮助学生更好地理解和掌握教学内容而采用的材料。时政素材本身具有非常大的可开发性，除了强调文质兼美之外，时代性、民族性等特质也决定了其承载了更为广阔的精神空间。时政素材因为独特的时效性，配合旨在培养语文核心素养和语文能力的教学设计，可以发掘出巨大的语文学习价值。比如，2017 年"于欢辱母杀人案"轰动一时，我发现学生在课下对此争论不休。于是我设计了一系列活动，包括辩论、批判性写作等教学内容，围绕这一时政事件开发主题，而建构的语文能力则是多层次和多方面的。将时政素材引入语文教学设计中，最常见、最适合的方式是语文综合性实践活动、写作和辩论。

语文教师也可以将影视素材引入语文教学活动中。影视素材指的是从影视作品中提取的有利于语文教学开展的相关材料。影视作品是一种汇聚了视觉艺术和听觉艺术的综合表现形式，其独有的画面感以及丰富的内容，具有极强的感染力，能够充分刺激学习者的感官，最大限度地调动学习者的学习兴趣。同时，影视素材的运用可以让学生更为直观地对学习内容有清晰的认识，画面对人的冲击远远超过文字的冲击，影视素材会帮助学生从三维视角迅速对某一个学习主题有整体的认知，极大地提升了学习的效率。丰富的影视素材可以为学生提供多样的语言实践情境，充分展示生活场景和语言情境，为学习语言提供捷径。影视素材中的人文因素和人文情感会帮助学生更好地赏析教学素材中蕴含的民族心理和时代精神，加深学生对人类社会生活和情感世界的认识和思考，同时学生也可以批判赏析传统文化和多元文化，从中获得对自然、社会、人生的有益启示，进而提高思想文化修养，促进自身精神成长。初中生会认为整本书的阅读难度大，这个时候我就会适当引入一些影视资源作为辅助，帮助他们在较短时间内建构起对整本书的感观，激发了他们的阅读兴趣，提高阅读效率。比如，在讲授《红楼梦》整本书阅读时，我以金陵十二钗为线索进行梳理，在讲授每个人物时，我会补充《红楼梦》的电影、电视连续剧等供学生赏析，便于学生理解，这样也丰富了课程内容与形式。

生活即教育，指利用生活来进行教育，而教育是为了更好地生活。生活决定教育，是生活与教育的关系。注重将生活素材引入语文教学设计，可以让学生更为直观、身临其境地感受语文情境的魅力。为了增强学生体质，我们开展了"阳光体育与祖国同行"冬季长跑活动，日常每一位学生都参与的活动正好可以作为语文学习的素材，除了与学生共同书写长跑倡议书之外，我还鼓励每一个学生针对长跑这项日常活动多写随笔。随笔写作加生活素材是非常好的教学切入点，随笔化写作的特点就在于一个"随"字，其包含着随时、随地、随形、随意几层含义。所谓"随时"是指学生的写作不再局限于专门的写作课，学生可以随时写，不管在课间、阅读课、自习时间、语文课堂还是周末、假期，灵感闪现之时，情感涌动之际均可以挥笔作文。所谓"随地"，是指写作也不再局限于教室和课堂，可以在学校，在家里，也可以在其他地方，阅览室、卧室、餐厅都是写作的场所，只要有感而发，随手写在纸上、本子上，然后再整理到随笔作文本上。所谓"随形"，指在写作文体上不受局限，散文、小说、诗歌、童话等，只要自己喜欢都可以写。可记叙，可议论，可抒情，随心所欲，不拘一格；文体多样，笔调各异。在字数上也不受限制，洋洋洒洒几千字，不嫌多；点点滴滴几十字，不嫌少；有话则长，无话可短，尽兴而写，随意而止。所谓"随意"，是指在内容上不受局限，也不苛求主题鲜明，可以描写所见所闻，议论时政热点，透视个人心灵，就像个人博客，想说就说，想写就写，不受约束。学生可以充分表现自我，彰显文章的个性。将生活化场景写入随笔，能够帮助学生把自己想说的话落在纸上，既可以与别人交流，也可以自我欣赏。这样的写作彻底解放了学生，使他们感到作文不再那么神秘。下文呈现的是学生参加长跑活动写的小随笔。

改变态度

一转眼，长跑活动已经开展十多天了。对我来说，每天坚持跑 1500 米不算什么难事，但我发现，慢慢地，我对待跑步的态度有了变化。

记得老师刚刚让我们报名参加跑步时，我心里一百个不乐意，觉得自己只要在下半学期努力，中考 1000 米十拿九稳，根本没必要跑。可是看大家都很积极，也只好参加。于是，每天放学，我就一步一步挪到操场，像完成本不该属于我的任务似的跑完那郁闷的 1500 米。随着时间的推移，我发现好像只有我不喜欢长跑。班里许多同学，包括那些体能非常优秀的和长跑十分困难的，每个人的脸上都洋溢着欢乐的笑容。我疑惑了，于是便找了一个体能很差的同学，问他："你每次跑 1500 米都那么艰难，可为什么我看你还很快乐呢？"他说："我只是把长跑当成一种乐趣，就和玩儿差不多。"他的话让我陷入了沉思。我想是啊，为什么不把它当成一项游戏呢？可以爱篮球、足球、羽毛球，为什么就不能爱跑步呢？既然要跑就快乐地跑。

第二天，我发现长跑并不是那么痛苦了，当我放松心情尽情地跑时，初三的压力都被我甩在了身后，心情舒畅了许多，心中有说不出的欣喜，我发现我有点爱上跑步了。

无论是时政素材、影视素材还是生活素材，更新和思考它们在语文教学过程中的使用方法，可以使这些传统的教学素材焕发生机，极大地促进学习者的学习兴趣和学习语文的效率。

探究引领课堂的问题式任务

众所周知，任务驱动教学就是根据清楚的、典型的任务进行的教学活动。学生在教师的指导下，借助学习资源进行小组协作或者自主探究以解决问题，完成任务。在任务驱动教学模式下，学生始终处于学习的主体地位。因为在整个教学过程中，教师只是作为抛出学习任务和提供过程性支架的角色出现，甚至在一些情况下，这两部分也是要与学习者共同商讨建构完成的。所以在完成任务的过程中，学生需要发挥他们的主观能动性和丰富的想象力，通过与其他同学合作完成任务。学生完成任务的途径和方法多种多样，他们的发挥空间也变得更为宽广，这样就使传统课堂中教师的权威性被逐渐消解，取而代之的是更为民主、开放、平等的师生关系。在学习任务的设定中，问题是带动任务设定和驱动的核心。问题式的任务是以学生为主体的新型学习方式，它以关键性或复杂性的问题为核心，在教师的指导下，学生个体或小组凭借自身的力量专心致志地解决某个问题为主要任务。问题任务不仅可以驱动学习者主动对知识进行建构，也使学习任务变得更为生动，学生在面对一个个生动具体的问题任务时，也会更具目标感。教师要鼓励他们主动完成任务，实现主动建构式的学习。下文将呈现我在讲授《金色花》时设计的问题式任务。

◎ **设计理念**

《义务教育语文课程标准（2011 年版）》指出："应让学生在主动积极的思维和情感活动中，加深理解和体验，有所感悟和思考，受到情感熏陶。""重视诗歌个性化解读，注意激发学生的想象力和创造潜能，突出学生在诗歌鉴赏中的主体地位，尊重学生的独特体验。"

《金色花》是泰戈尔《新月集》中的代表作。一方面，本课是一篇自读课文，又是一首表现圣洁母子情的抒情诗，从作品的内容来说，读出孩子的天真可爱比较容易，进一步读出孩子隐藏的爱也是可以做到的，若进一步探究作品深层次内涵，对学生而言就有一定的困难。另一方面，授课班级初一(1)班是实验班，学生理解力比较好，思维较为活跃，教师自学生入学以来一直尝试以这种方式上课，学生有了一定的基础。

根据本课内容及学生的学情，本课设计沿用了以任务驱动为动力，以小组活动为主要形式的"任务驱动三级阶梯自主学习课"。

以朗读任务感知文本整体内容及情感倾向；以问题驱动学生贴近文字、细读文本，体会其中的母子深情；以任务引导学生探究学习，提供必要的资料，加深对作品内涵进一步理解，感受泰戈尔人格的伟大，提升他们阅读泰戈尔作品的兴趣。

这种方式既能满足不同层次学生的学习要求，又能满足部分学生进一步学习的欲望。

◎学习目标

(1) 把握诗文基调，有感情朗诵诗文，提高朗诵诗文的能力。

(2) 初步学会诗歌欣赏的方法。

(3) 了解泰戈尔及他的一些作品，感受泰戈尔人格的伟大。

◎学习重点

感受诗歌中孩子对妈妈隐匿的爱及妈妈对孩子的爱。

◎学习难点

对"我"这个形象的深层次探究。

◎教学流程

教学环节	教师活动	学生活动	设计意图
一、照片导入，重温亲情（2分钟）	展示有关学生照片的PPT	一句话感悟	调动情绪，为进入学习状态做铺垫

续表

教学环节	教师活动	学生活动	设计意图
二、明确任务，选取任务（3分钟）	1. 展示任务内容 **朗诵组** 材料：音乐1、音乐2、音乐3、音乐4 任务： (1) 任选一首适合本文的音乐。 (2) 结合文本内容说明选择的理由。 (3) 配乐朗诵（多种形式）。 (4) 文中关键句子的朗读处理。 **文本解读组** 材料： (1) 散文诗的相关知识。 (2)《妈妈，你知道吗?》学案材料。 (3) 泰戈尔《告别》诗原文及问题解答。 任务：(1) 请你尝试用朗读表现孩子与妈妈嬉戏的画面。 (2) 孩子变成金色花，与妈妈捉迷藏，都做了哪些事?孩子变成金色花，是为了好玩吗? (3) 你读出金色花对妈妈的心声了吗?请替金色花完成这首小诗《妈妈，你知道吗?》 **拓展探究组** 材料： (1) 泰戈尔简介。 (2) 泰戈尔与宗教。 (3) 泰戈尔及《飞鸟集》《新月集》资料介绍。 任务：(1) 结合材料包资源，探究对"金色花"形象的深层次理解。有人说《金色花》展现在人们面前的是一幅儿童嬉戏的画面。画面的中心人物是"我"——一个机灵可爱的孩子;也有人认为不只是嬉戏的画面，展现在人们面前的还是一幅神灵显现的画面。画面的中心仍是"我"——一个活泼可爱的小精灵。你是怎样理解的?请为后者寻找尽可能充分的理由证明这一点。 (2) 用"金色花"作标题，你认为如何? 2. 选取任务	学生了解任务内容 组长代表全组选择任务	学生根据需要进行选择，充分尊重学生意愿，为学生搭建平台，体现学生是学习的真正主人

续表

教学环节	教师活动	学生活动	设计意图
三、合作学习，共同探讨（20分钟）	教师参与讨论 观察巡视学生	学生以组为单位讨论学习	激发学生创造力，突出学生在诗歌学习中的主体地位
四、组长汇报，成员补充（18分钟）	教师倾听 点拨点评 评价反馈	小组代表汇报，成员补充	尊重学生独特体验，搭建展示平台
五、课堂小结（2分钟）	教师总结提炼	学生倾听	

重塑思维模型的外显价值

思维外显指教师将自己解决问题的思维过程用语言、文字、图示等各种方式呈现出来，或者使用思维描述工具将其描述出来，同时也要求学生在进行实践时将自己的思考过程表述或者使用思维描述工具描述出来的过程。思维外显策略是在建构主义教学和学习理念下指导进行的，强调教师和学习者一起重新对知识和能力进行建构。在将自己的思维外显的过程中，学生不断反思自己的思维过程和思维内容，并且通过对比他人的思维过程和解决问题的方式、方法，重新建构自己解决某一任务或者某一问题的过程及方法。在进行思维外显的过程中，我们可以使用的策略有图画法、思维导图法、文字法、朗读法、语言复述法等。

图画法，顾名思义，就是将一些比较抽象的学习主体或者思维过程通过图画的方法呈现出来。比如，八年级上册吴冠中的《桥之美》，从大家熟悉的"小桥流水人家"这句诗入手，首先摆出一个观点：它"固然具有诗境之美，其实更偏于绘画的形式美"；接着以粗笔勾勒、大块涂抹的方法迅速将小桥、流水、人家提炼成构图所需的元素，并将它们搭配、组合起来，构成画面，强调了桥在其中所起的重要作用；然后指出桥在江南水乡和在威尼斯一样，在构成当地特色美景上不可或缺。其实，学生对这些图画元素还不熟悉，因此，我就抓住本文说明特征"固然具有诗境之美，其实更偏于绘画的形式美"，根据作者的说明内容和说明方法，共同在画纸上建构了这篇文本的大体结构。

思维导图法通过网状结构呈现、建立概念和概念之间的关系，主要用于对知识的理解，提高学习质量，是用来组织和表征知识的工具。它通常将某一主题的有关概念置于圆圈或方框中，然后用连线将相关的概念和命题连接，连线上标明两个概念之间的意义关系。思维导图法非常适合比较复杂的教学内容，比如，整本书阅读中复杂人物关系的梳理、网状情节的归纳等。比如，在《骆驼祥子》整本书阅读的过程中，我们可以把人物关系通过思维导图的形式呈现出来。

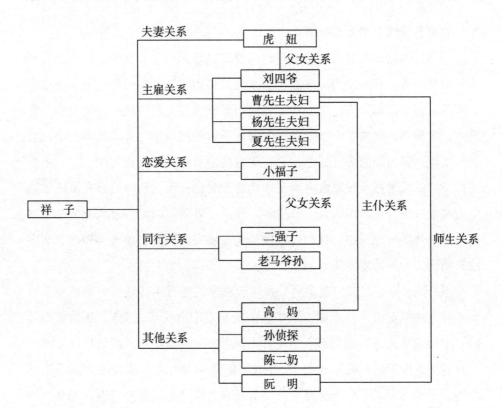

再比如，在这次课堂教学之后，学生以书中提到的四个小人物为切入点对《骆驼祥子》这个大部头作品背后所隐藏的深层文化内涵以及造成人物命运的深层原因进行了全方位探讨，并且以思维导图的方式呈现出来。

板书：

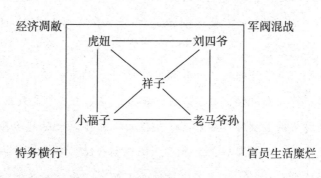

寻人—定点—架线—呈现

文字法，指通过文字呈现的方式将学生的学习思维路径梳理出来。比如，学生在平时进行小组相互评价时，就可以用文字的表现形式呈现；或者我们也可以鼓励学生对自己的学习路径进行学习反思。在"漫游神州"主题活动之后，我请学生在课堂上用十五分钟的时间写一个小随笔，来反思自己的语文实践表现，并用文字的形式呈现出来：

这次活动极大地锻炼了我作为社长的领导能力、宏观调配能力以及应变能力。我在其中享受了过程，收获了成果，也发现了不足。（生1）

确定组员和课题后，我们讨论了五六次，讨论了如何分工、搜集和整理资料。最快乐的一次便是我和蒋羽信同学去旅行社采访。工作人员热情地接待了我们，耐心地回答了我们不少的问题，在他们的帮助下，我们拿到了国内旅游咨询电话，但采访他们就不那么顺利了，服务人员在得知我们不是为了旅游而咨询后就匆匆挂断电话。后来我打电话到旅游局询问，却成功了。这使我们懂得了遇到问题不能退缩，一定要动脑筋，想办法，创造性地完成任务。（生2）

首先在搜集、整理材料的过程中，我获得了许多新鲜的知识，这些知识在书本中是找不到的。在归纳五花八门的材料时，我的总结能力得到了提高。

特别是在写解说词的时候，把各种各样的材料中的精华浓缩在二三百字中，并且还要融入自己的情感，感染听众，是十分不容易的。然而，这个过程提高了我多方面的能力，也让我看到了身上的诸多不足。（生3）

在活动的时候，我发现我的部分学科学得还不错，但是将它们综合起来还有些茫然。我的语言表达能力也不强，在人多的场合说话经常忘词。（生4）

承担了导游任务的我，一开始非常紧张，因为我的表达能力不强，不太敢在大家面前大声说话，更不用说带领大家游览了。于是我在写好解说词后，一遍一遍对着镜子演练，后来有了些信心，并在课余时间找几个同学模拟演讲。次数多了，也就没那么害怕了。等到上台时，虽然我有一点不足，但相对于最初的我来说，已经有了实质性的飞跃了。这次我收获的不仅仅是写作能力，还有我的自信。（生5）

朗读法，在本质上来说与出声思维法有异曲同工之妙，是通过语言将内隐的思维过程外显出来，从而使思维过程和问题暴露出来。"出声思维"来源于埃里克森和西蒙对口述（verbal report）的分类，他们根据口述的时间与完成特定任务的时间的关系，把口述分为共时（concurrent）口述和事后（retrospective）口述。区别在于，前者是在完成特定任务的同时讲述自己的心理状况；后者是在完成特定任务后追述自己的心理过程。出声思维属于共时口述。[1] 我们可以将出声思维法最为核心的部分移植到语文教学设计中，利用朗诵实现学习者思维活动的外显。首先，朗读法是新课标着重强调的学习语文的好方法。新课标要求各个学段的阅读教学都要重视朗读。因为有感情地朗读课文，是理解课文的重要手段。在朗读文本的过程中，学习者对文本的语言文字逐渐熟悉和深入，同时学习用恰当的语气、语调朗读的过程，也就是学生对作者及其作品情感态度的理解，这是一种有益于积累、有效提高语文能力的好方法。其次，不断朗读的过程也是对文本理解的不断生成与建构。我国传统的教育教学方法就一直强调"书读百遍，其义自见"，在现

---

① 梅培茹. 出声思维法在高中地理问题解决中的应用研究 [D]. 金华：浙江师范大学，2017.

当代社会科学研究中，这一传统的教育方法的效果也逐渐得到了证实。学习者在不断进行言语输出的过程中，在认知中会逐渐建构起自身对某一个学习主题或者学习知识的理解。再次，朗读法也为教师和其他学生进行教学评价和学习评价提供了可能。语文教师通过对学生朗读的观察，可以大概掌握学习者对于某一个文本或者某一个学习主题的理解程度，其他学生也可以通过对同学朗读的倾听，了解其他同学对固定内容的理解方式和思考方式。这不但有助于学生和语文教师对朗读内容或者朗读者进行评价，也有助于他们不断丰富自己的情感建构。比如，我在教《故乡》一课时，请学生分角色读课文。《故乡》中人物对话不多，即便是简单的对话也足以表现人物内心的情感世界，表现人物的性格特征。作品中昔日的好朋友闰土和"我"之间是那样亲密，可在中年之后，他们相见的场面是如此尴尬，一句"老爷"表现出他们之间的距离是那样的遥远。在学生阅读的过程中，我发现他们并没有对这两个字有太多的关注，随后我请他们反复揣摩这两个字，请他们朗读，并且把为什么这样读的原因说出来，这样读的过程就是对文本的最好的解读。同时，教师应尽可能避免在课堂上给学生播放音频，因为再好的朗读都是别人的，学生不亲自体验，是很难建构起自身独特的阅读感受和阅读体验的。比如，在《简·爱》整本书阅读过程中，我请学生分角色朗读简·爱和罗切斯特话别的场景（从"你要走了"到"永别了"这一段）。通过重温简·爱和罗切斯特互诉衷肠的经典场景，学生直观地感受简·爱不凡的爱情观，以及她最终俘获了爱人的心的人格魅力。学生通过看视频和倾听分角色朗读对简·爱的人格有了更充分的理解。

语言复述法，并非指对语言不加修改的输出，而是指学习者以理解和掌握学习内容为基础，运用已学的词汇，在大脑中将信息进行分析、整合，最终系统地、概括性地将文章主旨表达出来。[①] 根据这一定义可知，语言复述法其实是一种建构性的教学和学习的方法，是一种从信息输入到信息加工再

---

① 陈丽华. 复述法在汉语初级口语教学中的应用：以慈育大学中文系为例 [D]. 上海：上海师范大学，2017.

到信息输出的综合性、创造性的思维和言语活动。语言是思维的物质外壳，不但体现着思维活动，而且还会反向促进思维的发展和跃升。语言复述法在语文、英语等语言学科中使用得尤其广泛。在平时的教学中，我主要使用结构复述法、图画复述法和想象复述法。结构复述法指在进行语文教学时，为了帮助学生迅速建构起对某一篇文本或者某一个学习主题的整体认知，教师与学生共同对所学习的内容进行结构化的复述，比如，复述文段大意，或者叙述每一个段落、章节的大意，帮助学生在较短时间内迅速建构起有关某一个学习主题的大体框架。比如，在《骆驼祥子》整本书阅读的第一个阶段，在引导学生充分阅读的基础之上，我鼓励学生用语言复述的方式呈现祥子三次买车的大体框架，再通过多维视角和对多个小人物的相关情节的分析，建构起《骆驼祥子》丰满的"血肉"。图画复述法指根据图片复述内容，这个方法在讲授一些游记、说明文的时候十分适合。想象复述法通常针对记叙类文本和描写类文本进行，让学生共同对一些场景进行复述。

第三节　建构语文教学的"新起点"——教学评价

教学评价指的是评价者依据学习目标，对学习者的学习内容、学习进展情况、学习结果、学习效果进行价值判断、反思的活动。[①]《义务教育语文课程标准（2011 年版）》中提出，评价具有检查、诊断、反馈、激励、甄别和选拔等多种功能，其目的是考查学生实现课程目标的程度，检验和改进学生的学习和教师的教学，改善课程设计，完善教学过程，并且应发挥语文课程评价的多种功能，尤其应注意发挥其诊断、反馈和激励的功能，有效地促进学生的发展。可见，语文教学评价对于促进学生学习、改善教师教学等多个方面具有不可替代的重要作用。其作用体现在：其一，促进学生语文学科素

---

① 赵宇 . 小学数学实习教师学科教学知识的实证研究 ［D］. 济南：山东师范大学，2017.

养综合发展。评价者可以通过教学评价的设计，综合提升学生在语言建构与运用、思维发展与提升、审美鉴赏与创造、文化传承与理解等方面的素养。其二，评价方式和内容的选择对于教师的语文教学活动有反拨作用。例如，评价理念的变化会影响语文教师的课程观念和整体课程设计，多层评价方式会影响语文教师的课程分层教学等。其三，良性的教学评价可以促进师生的平等对话和共同发展。评价不仅仅局限于教师对学生的单向性评价，也可以是学生对教师的反向评价和多元评价。

目前，语文教学评价主要存在如下问题和挑战：首先，评价的主体和评价的方式较为单一。语文教师多采用教师对学生的单向评价，偶尔会有学习者之间的相互评价。评价的方式也多是语文教学测验，以纸笔测验为主。其次，语文教学过于笼统和扁平化，缺乏科学的评价指标。评价标准是衡量语文教学评价水平的重要指标，评价标准的合理性、动态性与可区分性对于反向促进教学评价的设计和语文学科的教与学，都具有重要意义。评价标准的制定不应该仅停留在机械标准化层面，也要注意层次性和可生成性。同时，总结性评价"一刀切"式的评价方式与标准也使目前语文学科的教学评价过于武断和笼统，忽视了学生动态发展的历时过程，并且应该与教学目标、教学活动等相匹配。最后，语文教学评价缺乏对高级复合能力的测查。传统语文教学评价多针对学习者的某一种能力进行测验，而少有考查学生的复合能力。同时，也少有教学评价针对语文学科的高阶能力进行测查，多停留在学习理解与实践应用两个层级，而少有涉猎迁移创新层面。学习能力本身的实质就是结构化、网络化、程序化的知识、技能和策略，因此，支撑语文评价的框架也应该是网络化的复合能力体系。

从评价的主体进行划分，可分为师生评价、生生评价、学生自评等；从评价的方式进行划分，可分为课后作业、课堂提问、评估表、概念图等；从评价的指标和内容进行划分，可分为语言技能情况、思维发展等；从评价结果的处理方式进行划分，可分为课堂及时反馈、作业讲评等。

建构多元化的评价主体

师生评价

在语文教学评价中，最为常见的就是师生评价。师生评价可以分为教师对学生评价和学生对教师评价两种取向，绝大多数都是教师对学生的单向评价，少有将学生看成是评价者。"评价"作为认知能力的最高层级，需要调动学生更多的认知能力。评价也是不断反思和思维进阶的过程。教师在讲授每个教学单元之后，会设定一节教学评价课，教师和学生一起"复盘"本单元的学习内容和学习思路，并由学生对教师的教学进行评价。比如，在讲授八年级上册第二单元（《藤野先生》《回忆我的母亲》《列夫·托尔斯泰》《美丽的颜色》）的复习课时，教师采用了小组合作学习的方式，以小组为单位对教师的教学和学生的学习进行整体评价和总结。

师：这节课我们进行单元学习之后的复盘式教学，对单元整体学习之后做回忆、反思，以便更好地学习、提升，小组长组织组员进行思考、回答。我们按照小组顺序分享。

小组代表1：首先我们组从导读开始研究了整个单元，把这一单元的文章分为两种可对比的文体，一种是回忆性散文，一种是人物传记。通过对比，我们发现了以下特点：这两种文体有四个相同点。第一，这两种文体都是写人的；第二，这两种文体都写了人物的典型事件，这些典型事件能让我们受到感染，引发情感共鸣，同时反映出对于社会的一些影响；第三，这两种文体写作的对象都是真实的人物；第四，它们都有注重表达的艺术感，我们都能从中感受到作者对于人物的感情。而这两种文体的不同点在于，回忆性散文偏重于描写典型事件，而人物传记侧重于记录一个人一生的经历。这就是我们组的学习成果。

师：其他组员有没有要补充的？刚才这位同学说回忆性散文是记录一个片段，同学们能举一个例子阐释一下吗？

生1：像我们学习的第5课《藤野先生》，鲁迅先生举了具体的例子表现藤野先生对鲁迅先生的照顾和关心。鲁迅先生在日本求学期间，藤野先生给他修改讲义，这些都是事件的片段，并不是藤野先生一生的经历。

生2：我们组认为回忆性散文当中，《藤野先生》是非常有代表性的，在这篇回忆性散文中，鲁迅先生着重描写了自己与藤野先生相交的一段时间里印象深刻的事情。第6课《我的母亲》描写了母亲的一生，作者陪伴了母亲一生。但是《藤野先生》中，藤野先生和鲁迅先生相伴只有几年的时间，所以鲁迅只挑选了几年时间中最重要的事件来描写。

师：那具体的事件有哪些呢？

生3：藤野先生亲自给"我"修改讲义；藤野先生在我们看电影的时候，因为电影播放内容对"我"有不小的打击而安慰"我"；当"我"决定要弃医从文时，他对"我"的挽留。

师：论述的时候思维有一点跳跃。具体写了藤野先生和"我"交往的哪几件事情呢？

生4：首先是写了"我"刚见到藤野先生时留下的第一印象；其次写了一些生活当中的事情，如藤野先生说中国人很敬重鬼神，问鲁迅中国人是否裹小脚等。

师：好，听清楚老师的问题。老师问的是藤野先生与鲁迅先生交往有哪几件事情。

生5：第一件事是藤野先生给鲁迅纠正解剖图；第二件事是藤野先生给他修改讲义；第三件事是藤野先生向鲁迅打听中国女人裹小脚的事情；第四件事是匿名信事件。

学生与教师共同对所学知识和内容进行评价时，首先调动了学生的学习兴趣和学习动力；其次，上文提及评价作为一种高阶认知活动，可以更多地调动学习者和评价者的认知。当师生共同对授课和学习过程进行评价时，双方必然会用自我的意识对学习内容、学习方法和学习思路进行解码和意义的重新建构。多元评价主体的建构，也是认知水平和深度的拓展。

学生互评

学生之间的互相评价也是建构语文教学评价多元主体的重要路径。学生之间的互相评价可以增强读者感，学生从接受者的角度思考其他同学的学习成果和学习路径，也会对自己的学习内容和成果进行调整和完善。同时，学生之间的互评也可以激发学生学习的热情，吸引学生的注意力，提高专注度，评价效率较高。并且，同伴之间讨论的过程，也是信息分享的过程，也能帮助彼此澄清观点、规范表达。教师在开展《骆驼祥子》整本书阅读的教学过程中，设计了以人物形象鉴赏为主线的阅读课，并以小组抽签的方式分组对人物生平进行介绍，其他小组的同学填写评价表，教师引导学生从内容、形式、语言和个人风采方面进行学生之间的互评。

师：请同学们参与评价，对四个组讲述情况做点评。你们推选出一个最喜欢的讲述小组，说出理由。

（PPT 呈现）

评价表			
维度	等级		
	A（优）	B（良）	C（合格）	等级
内容 （全面、准确）				
形式 （新颖、有创意）				
语言 （流畅、贴切）				
个人风采 （感染力）				

生1：我最喜欢刘四爷组。扮演刘四爷的同学声音不大，但是在舞台上，他显示了自己的另一面，他把他心里的刘四爷完全地展示给我们看，语言生

动，所以刘彤饰演的刘四爷最生动。

生2：我觉得刚刚描述虎妞的刘一含同学所讲的内容非常全，她平时是个很温柔的女生，但是她刚刚把虎妞的不服输的精神展现得淋漓尽致。

生3：我喜欢老马。老马和小马在老舍先生的文章中笔墨不多，但是表演者却利用自己的想象和对人物的理解将老马和小马经历的苦难展示得如此丰富，很难得。

生4：我觉得我们组的优点就是剖析人物细节，讲出了小福子既有女生柔弱的一面，也有照顾弟弟不屈服的一面。

师：刚才听了同学们的汇报，我很惊讶，一方面反映出你们在前一个阶段的学习任务完成得不错，梳理人物经历的时候很多细节都呈现出来了，准确把握了人物形象；另一方面每个组都有小创意，用第一人称的改编利于对人物内心的揭示，还有同学注意到老舍语言口语化、京腔京味。但是书中人物是立体的、丰满的。下面我们还是以小组为单位，进一步完善人物形象，使人物更加丰满。在这一次的完善过程中，同学们也要考虑其他组的同学对你们的评价。

与此同时，教师将学生已经填写好的评价表分发到各个小组，请学生根据其他同学的评分和意见继续完善自己组的展示内容和展示形式。其他小组同学给予的肯定无疑会增加该小组的学习动力，同时评价表中的客观评价也能够推动学生进一步完善学习成果。

学生自评

学生的自我评价是学生"自我观察—自我判断—自我反应—自我矫正"[①]的过程，这个过程不仅是学生完善自己知识体系的过程，也是对"自我"意义的发现过程。同时，学生的自我评价对于教师了解学生的学习进展起到了巨大的作用，教师通过学生的自我评价内容可以更为清晰地知晓学生的学习思路和学习困难等，以便更好地搭建脚手架，为学生的学习提供支援。在传统教学中，学生一直作为学习者的角色存在，若想促成学生在学习者和评价

---

① 侯新杰. 课堂学习学生自我评价的涵义与形式 [J]. 教育理论与实践，2007（20）：48-50.

者角色之间转换，就要设计相应的教学活动和环节，与学生共同建构评价者的新角色。教师在每个单元结束之后，都会设计一节复习课，由学生"复盘"本单元的学习内容和学习方法，学生不仅对教师的教学进行评价，也对自己的学习进行评价。

师：第三个环节我们进行了哪些教学活动？

小组代表：我们组的主题是采访我们的写作对象。您先用一节课的时间教我们如何列采访提纲，以及采访的方法。但是我们每个人采访的对象和内容都不相同，下面我以个人为例分享一下我的学习心得。首先，我列出一个采访提纲，我要采访的对象是我爸爸，当时我爸爸不在北京，我想通过电话进行采访。我知道爸爸身上有故事，但是对于这些故事我了解得不是很清楚，所以第一个问题就是了解爸爸和爷爷奶奶离开老家的故事，以及他遇见我妈妈和有了我之后的故事，也想了解一下他对我的情感等。但是在采访的过程中出现了小插曲，我打不通爸爸的电话，也想不如采访妈妈，但是我又很想听爸爸的讲述，最后还是坚持最初的想法，凌晨修改了我的采访提纲。

师：写爸爸是因为对爸爸有着深厚的情感，觉得爸爸身上有故事。我们通过一篇作文，能对家庭有深入的理解，也是一件很好的事情。还有同学想要分享吗？

生：我采访的对象是我妈妈。我是从她很小的时候经历的事情开始采访。我觉得我妈妈说的很多事非常有趣。她的生活和我的生活完全不一样，她的生活非常自然。之后母亲辍学来到北京打拼，我觉得她特别不容易，我的心里充满感动辛酸。以前对妈妈并不了解，通过这次采访，我对妈妈有了深入的理解。

师：那对你写作有什么帮助吗？

生：我之前写作都是材料支配我写作，现在是我支配材料，我的材料足够充分，我对妈妈足够了解，可以随心所欲去写，写得特别得心应手。

师：非常好，还有想分享的吗？

生：我是从我妈妈上学的经历开始问起的。我妈妈之前是一名小城市的记者，后来参加成人高考，辗转来到北京。妈妈的这个经历是我在作文当中特意提到的一点，也是我的文章想着重表现的。

在上述课堂实例中，学生对自己访谈的过程、内容、方式等进行了评价，教师进一步提供了支架，让学生评价本次采访对他们写作的帮助。教师帮助学生建构了评价的情境，引导学生对自己学习的内容、方法、思路等进行评价，使学生从学习者转变为评价者。

建构科学的评价指标

建构科学的语文教学评价指标对于评价的开展至关重要。语文的外延即生活，语文学科与其他学科不同的是，语文能力培养的是面对广泛、灵活的言语材料与言语情境，做出合理判断并得出解决方案。言语材料与情境是复杂的、未知的，因此，对于语文学科测验的评价也是动态和不断生成的，这就导致了语文学科的教学评价指标的建构十分困难，无法针对具体的知识点和知识框架进行建构。目前，语文学科的教学评价指标建构多是基于内容维度进行的，而非能力层面。语文学科素养是学生语文水平的真实体现，因此，语文教学评价指标应更为关照能力维度。在众多能力框架中，北京师范大学语文教育团队研发的三级能力框架可以较为清晰、全面和科学地展现语文教学的评价体系。该框架的一级维度由三个基本的认知能力构成，分别为学习理解能力、实践应用能力和迁移创新能力。在二级维度中，学习理解能力包括注意观察、记忆、信息提取、分析概括、领会理解能力；实践应用能力包括应用交际、解释推断和解决问题能力；迁移创新能力包括发散创新、批判赏析和内化完善能力。该框架涵盖了学生不同维度、不同层级水平的能力表现，我们可以将其作为内隐的评价体系，与实际教学相结合，建构更为完善的评价框架，实现对学习者的科学评价。教师在讲授法布尔《蝉》的过程中，根据学生的学情和学习兴趣，设计了多个学习任务，不同小组的学生分别选择了"我为蝉做微信主页""蝉的生物实验报告册""对话一只蝉"等学习任务，在多维的教学情境和学习任务中，教师始终从评价框架出发对学生进行评价。

师：首先请第一组"我为蝉做微信主页"的同学，这组同学在进行汇报的时候，请其他组的同学对照老师在课前发给大家的评价量表对他评价打分。

生1：接下来我向大家汇报一下我们组做的蝉的微信主页。我先介绍一下分工。我和生4是主力，生2和生3在课文中提取蝉的主要特性，另外两位同学负责微信内容。先为大家介绍一下主干部分——法布尔跟蝉聊天。第一部分是蝉进入地穴，第二部分是它在草丛里唱歌。再为大家介绍一下朋友圈，我们是把朋友圈的封面和朋友圈的内容、个性签名放在一个内容里，就是蝉的脱皮。请大家翻开课本第108页看第10段，我给大家读一下，"在空中腾跃，翻转，使头部倒悬，折皱的翼向外伸直，结力张开。然后用一种几乎看不清的动作，尽力翻上来，并用前爪勾住它的空皮。这个动作使尾端从壳中脱出。总的过程大概要半小时"。

这就是蝉的脱壳过程，是我们制作的背景，也是我们制作的朋友圈的内容、个性签名的依据。朋友圈的签名是脱下外壳，经历磨难。关于经历磨难，请大家翻到课本第107页，我们是从课文中提取出来的。第一点是建造地穴，第二点是苦等天晴，第三点是爬出地穴，第三点其实就是它经历的主要磨难。接下来向大家介绍一下蝉的信息、头像和名字。

头像和名字都是从"蝉的唱歌"这一部分概括出来的，请大家翻到课本第106页的第1段最后一句。法布尔用了这样的说法说明蝉在门外唱歌，包括课本第110页倒数第2段，"以后，在阳光中的歌唱只有五星期"，这里说了唱歌的时间。最后，我们也写了蝉所在的地址，就在第106页的第1段，"我是屋里的主人，它却是门外的统治者"，也就是说蝉居住的地方在法布尔家门前的花园里，我们这一组的汇报就到这儿。

师：你作为第一个汇报的人，毫不怯场，落落大方，给大家开了一个好头。大家根据评价量表给他打完分了吗？你对他有什么样的评价呢，谁来说说？

生2：我觉得他们这组朋友圈做得非常好，但是有一个缺点。先说优点，她说的所有内容都基于文本，将蝉的习性说得非常清楚。但是我觉得有一个缺点，就是他们的朋友圈看起来不是特别生动，我们平常看到的朋友圈特别有趣。我们组提个建议，就是最后一句说"祝我好运，再见"，会显得更加生动和真实。不过总体来说他们这组的汇报还是非常好的。

师：非常好，评价得特别充分，不仅说出了这个组的很多优点，而且提出了一点小建议，同时还见缝插针地说明自己组的优点。大家做的汇报都很优秀。刚才他提到了非常重要的一点，就是问题的提取完全基于哪里啊？基于文本，所以评价量表里面的第一点，第一组完全可以得满分。第一组刚才说的，老师听到了两个细节，是很有意思的。就是第一组把法布尔家门口的花园当作蝉的通信地址，非常巧妙地融入了课文中的第几段啊？

生（齐）：第1段。

师：对，第1段。这样就告诉我们法布尔观察蝉有很好的环境，还有一个让老师觉得巧妙的地方就是第一组的朋友圈的封面设计选择了哪个部分呢？出自哪个自然段呢？

生（齐）：第10自然段。

师：咱们先把第10段一起读一下，读完之后想一想，你的感受是什么？同样第一组的同学为什么要选择这一段作为你们设计朋友圈封面的依据呢？咱们现在一起来读一下第10自然段。

（学生齐读）

师：读完之后你有什么样的感受？或者为什么你觉得他们组会拿第10段作为朋友圈封面设计的依据呢？

生3：看到文章后面说"总的过程大概要半小时"，中间也提到了一系列动作，我觉得它脱皮的过程会非常艰苦，是它一生中经历的最大的磨难，并且我觉得朋友圈的封面正好跟它的个性签名那一句相呼应，朋友圈的个性签名是脱下外壳，历经磨难。

师：这个同学提到了一个非常重要的词，就是在这一段当中有什么描写呀?

生（齐）：动作描写。

师：对，动作描写。动作描写能够把它们写得特别生动，那你能不能看出作者对于蝉有什么感情呢?

生1：我觉得这是蝉一生中最重要的时刻，法布尔写得非常生动，用了很多动词，可见法布尔是在很细致地观察，这段描写体现出了法布尔非常科学和严谨。

师：这个小动作就体现出法布尔对于蝉严谨、细致的态度，接下来我们看选择第二个主题"蝉的实验报告册"的小组分享。

在第一个学习任务中，教师通过设计具体的学习任务，同时完成了对学生多个维度能力的测查。教师通过学生对蝉的特性的掌握程度，了解其对文本信息的观察能力，以及提取基本要素、重要细节和关键语句的能力。对于蝉的头像和签名的制作，学生也会从所积累的语言材料中分析概括出一定的规律和特点，并且理解作品的内容、深层含义，更为重要的是，这类应用性比较强的学习任务十分有利于教师判断学生解决问题的能力。学生针对具体的情境，就相关问题提出合理可行的解决方案，并且联系现实生活，解决生活中的具体问题。在这一过程中，所有学习者借助各种资源、文本深层次信息，分析观点与材料的逻辑关系，针对讨论的焦点发表自己的意见，做到规范表达。当然，朋友圈这一任务本身也是应用交际能力的最佳展现。教师在学生展现学习成果和对他组学习成果评价的过程中，也对发散创新、批判鉴赏和内化完善能力做了判断，根据内隐的能力框架进行评价，以起到调整教学设计和教学环节安排的作用。

第 三 章

语文建构式对话
教学策略探析

第一节　语文教学起点的建构策略

质、量共生策略

语文教师在进行语文教育教学实践的过程中，不能只把自己看作教学者，同时也应该是学习者和研究者。作为研究者，就要从更为科学规范的社会科学研究视角出发，对教育现象进行判断，对策略进行合理选择和使用。在教育研究领域，主要存在定量和定性两种研究范式。自20世纪70年代以来，关于量化和质性研究的论争非常激烈。随着争论的深入，人们认识到没有必要将两种研究方法完全对立，在实际研究中恰当使用可以优势互补。实用主义知识观主张研究者可以根据研究需要自由选择研究方法，但应重点关注如何真正解决问题，并运用多样的方法获得关于问题的知识。因为研究问题比研究方法更重要，选择研究方法取决于研究者想发现什么，而不是为了方法本身而选择方法，选择方法最终是为了理解并回答问题。在语文教育教学和实践中我们对于学习者学习基础的判定以及各个教育教学环节的设计都离不开这两种研究范式。因为语文课堂教学和学生学习语文的时间是有限的，教师首先要解决的是绝大多数学习者面对某一个学习主题的学习迷思、学习困难。这个时候就要用丰富的量化统计数据为语文教师判断学习者的学习情况提供必要的支撑，并且针对绝大多数学习者的学习困难、学习兴趣和学习进展进行语文教学设计和实践。量化统计强调大数据下的理论和实践，但是数据的"大"绝不仅仅指数量的庞大，也指通过一定量的数据去发现不同变量、不同内容之间的内在联系和内在规律。更为重要的是，教育者更为关注的应该是个体的发展和成长问题。我们可以通过定量的数据统计去判断绝大多数学生的学习困难、学习兴趣和学习情况。但是落实到每一个学习者身上，他们都有各自的学习基础，即使面对同一问题，也是"一千个读者有一千个哈姆雷特"，我们绝对不可以用整体发展趋势或者教师的情感经验去代替每一个独特的个体。因此，在对教学和学习起点的判断上，甚至对每一个阶段的设计上，我们作为研究者和实践者，更应该关注每一个学习者的独特性，这时候定性研究就彰显出它的优势。在将定性研究与语文教学实践结合的过程中，我们使用的主要是个案研究或个案调查的策略。因为个案研究策略能够体现质性研究的本质特征。个案调查也是一种基于现场经验的研究，研究者将当前的现象（或个案）放置于真实的生活情境中进行探索，尤其适用于现象与情境无法清晰剥离的问题。此外，个案研究还适用于研究其他两类问题：研究者不能操控研究对象的行为；研究者想揭示研究现象与情境之间的紧密关系。这几个特点也是我们在进行语文教育教学实践中最本质的特点，语文教学永远无法脱离真实可感的语言情境和生活情境，同时，学生对于文本和语言现象的感知是独一无二的，我们没有办法将语文教师的个人经验强加给学生，也就是作为研究者和教育者，我们无法控制学习者的情感养成和情绪发展。因此，要兼顾整体和个体之间的关系。我们在确定教学起点时，要善于整合定量方法和定性方法。

我们在上文提到过，教学起点的建构是贯串整个教学活动过程中的，而不仅仅局限在课堂教学之前。这也意味着我们在整个语文教学活动的各个环节要时刻把握定量和定性研究的结合，随时对学生的学习基础进行建构和判别。在定量方法中，最常见的方法就是设计水平能力测试工具、评价表和调查问卷。相信很多教育教学研究者和语文教师对这三种方法并不陌生，我也经常被青年教师问到"如何去建构评价表或调查问卷"。首先，我们应该明确的是，测评工具设计的主体是学生和教师。如果我们始终认为教师才是整个课堂教学的引导者，那么就违背了建构式对话教学的基本理论和基本原则。我们在设计评价表或调查问卷时，一定要鼓励学生积极献策，与教师共同完成对学习起点的设计和考量。已经有大量的文献证明，无论是教师还是学生，在设计测量工具的过程中，他们会对测量工具和测量工具背后隐含的能力、知识和逻辑进行不断反思。反思是在复杂的学习情境中，对学习行为及背后的理论进行反复的、持续的、周密的思考，从而赋予实践以意义，寻求改善实践的可能方案。这就为学生自主发现问题、解决问题提供了一个隐性的推动力。语文教师收获的是对自我专业发展和自主学习的巨大推动力。我个人非常推荐使用小组合作探究的方式。因为我们的学生长期作为测评工具的被测试者和使用者，而很少参与对测试工具的设计，同时在高等教育或者初等教育阶段，学生的认知水平和思维能力也没有完全达到能设计一个科学的测试工具的层级，那么这个时候，教师就可以给学生一些蓝图或者顶层设计方面的支持，比如具体的评分细则、评分内容和评分标准等。在设计测试工具的逻辑方面，教师一定要注重不断培养专业能力和专业素质，尤其注意多关注心理学、社会学和教育学领域的相关前沿问题，不断训练自己学习更多的有关语文能力或学生认知能力方面的学术成果，在同等体量和同等容量的测试工具中，涵盖层次更多、内容更丰富、科学性更强的内容。关于如何对所收集的数据进行统计分析这个问题，很多青年语文教师没有接受过专业的数理统计训练，那么如何对收集的调查问卷或评价表进行统计分析呢？也有教师问我，大数据的数据丰富，我们班只有四五十名学生，得到的数据是否准确？其实，在统计和计量中，样本量如果达三十个以上，通过比较合理的方式对其进行处理，就可以分析出趋势和结果。对于刚接触问卷和评价表的教师可以不必过分纠结准确性，因为在社会科学统计中我们只要保证结果相对准确，同时根据利用定性方法得到的数据分析结果与定量分析结果形成三角验证即可。只要我们设计调查问卷、评价表的能力框架或逻辑体系是相对合理的，那么我们可以非常直观、准确地了解学习者对于某一主题的学习基础或学习情况。当然如果理科基础比较好的教师，或者是对于评价统计有更高要求的教师，可以学习一些简单的统计原理或统计方法，购买一些教育领域关于统计的书籍，或观看一些教育统计方面的网课，自己尝试一下教育科学领域统计软件的使用。在软件方面我比较推荐 SPSS（统计产品与服务解决方案）、AMOS（使用结构方程式探索变量间关系的软件）等。同时我们不仅要关注单次测评的结果，也要注重一段时间的发展。

在教育教学实践中使用定性方法更为常见。我们可以使用访谈、观察对学习者的学习情况进行收集和分析。在访谈中，可以采用非正式的访谈，在与学生进行一对一访谈、集体访谈，或者与学生家长、其他教师以及其他利益相关者的随性访谈中不断了解学习者多方面的学习情况。在这种非正式的、随性的访谈过程中，学习者处于放松的状态，更容易表露出对学习内容的真实感知和态度，教师很容易对学习者的真实情况进行判断。教育观察是激发教师的敏感，对学生的各种情况进行观察，观察贯串课堂内外，观察的内容也不仅局限于他们对某一方面的知识或能力的掌握，而应综合观察他们的学习动机、适应能力、性格养成等。

需要注意的是，我们对于学习起点的判断，要始终贯串所有的教学环节，兼顾课堂内外。下文展示的是在教学中使用定量方法，和学生共同设计的《金色花》的评价量表、参观鲁迅文学馆的前导调查问卷和课堂即时测试工具。

任务驱动下的自主课堂教学评价表

任务	选项					
	《金色花》					
	细目	A	B	C	分值	备注
朗读组（每项5分，共计20分）	音乐选择	符合	基本符合	不符合		A：5—4 B：3—2 C：1—0
	重点词句朗读处理	很好	一般	不太好		
	朗读效果	很好	比较好	一般		
	组员参与配合情况	全员参与配合默契	多数参与基本配合	个别承担没有配合		

续表

任务	选项《金色花》					
	细目	A	B	C	分值	备注
文本解读组（每项 8 分，共计40分）	文本解读找突破口	很好	比较好	一般		A：8—7 B：6—4 C：3—0
	重点内容理解程度	很到位	比较到位	一般		
	重点词句意境理解	很准确	比较准确	一般		
	汇报者的表述效果	很清晰	比较清晰	不清晰		
	组员参与配合情况	全员参与配合默契	多数参与基本配合	个别承担没有配合		
文本拓展探究组（每项 8 分，共计 40 分）	信息搜集灵活应用	好	比较好	不太好		A：8—7 B：6—4 C：3—0
	拓展程度	很深	比较深	一般		
	汇报者的表述效果	很清晰	比较清晰	不清晰		
	组员参与配合情况	全员参与配合默契	多数参与基本配合	个别承担没有配合		
	挑战奖励				8	
总分						
总结						

　　每一学期，我们都要带领学生去鲁迅文学馆、中国现代文学馆参观学习，这两处展馆已成为我们的学习基地。中国现代文学馆是由巴金先生倡议建立的，里面珍藏着中国现代文学的史册，记载着鲁迅、郭沫若、茅盾、巴金、

丁玲等一大批文学巨匠的人生历程。每次带领学生去文学馆，我们都不是简单地参观，而是一次语文学习，我们用任务驱动的方式完成语文综合性学习活动。而即使看似很轻松的语文综合实践活动，我们也要通过较为科学的定量统计策略建构语文学习的起点。学生的作答是教师设计教学活动的起点，因此，学生也是整个语文学习活动起点的共同建构者。

◆ 第一阶段

初一年级调查问卷：

（1）你能说出哪些现代作家的名字？

（2）你读过哪些现代作家的作品？

（3）你现在想了解他们吗？说明理由。

（4）你知道通过什么样的方式可以了解他们吗？

虽然这是一份非常简单的小问卷，却能够快速了解学生的学习基础，初步得出了在初一阶段，学生还没有对现当代文学有基本认识，对重点作家没有基本了解，只对一些重要作品的重要片段有零散认知的结论。这也为后续设计语文综合性实践活动提供了科学支持。

◆ 第二阶段

一走进中国现代文学馆，无论是建筑，还是室内装潢，满眼都是浓郁的文学色彩，A座一层、二层、三层和B座一层"二十世纪文学大师风采展"，展示了鲁迅、郭沫若、茅盾、巴金、老舍、曹禺、冰心七位文学大师的写作和生活环境，还有作家叶君健、刘白羽、丁玲、杨沫和李准的书房。他们的书房各具特色，不但美观，而且有书香气息。正门的两侧是高3米多、总宽30米的彩色玻璃镶嵌画，分别描绘了鲁迅《祝福》、郭沫若《女神》、茅盾《白杨礼赞》、巴金《家》、老舍《茶馆》和曹禺《原野》中的人物。正门前厅的东西两侧立着两个大青花瓷瓶，每个高3米、重1.5吨，上面有五千多名中国作家的签名。宽大的过厅两侧是两幅18米长、2.8米宽的巨幅壁画

《受难者》和《反抗者》，取材于鲁迅、茅盾、巴金、老舍、曹禺、叶圣陶、艾青、许地山、沈从文等作家的作品，令人震撼。

学生置身于这样的环境，在这些文学大家面前，肃然起敬。文化造就人。参观的目的就是了解、感受、开阔眼界。

◆ 第三阶段

活动第三阶段，选一位自己喜欢或感兴趣的作家，进行研究性学习。

时间：一个学期

成果：研究新报告

由上述案例可以看出，即使没有定量数据统计基础，我们也可以对大体情况有基本判断，帮助我们了解学生，进而建构起教学起点。

在日常课堂教学过程中，教师也可以随时设计一些"迷你"测试工具，有针对性地探查学习者某一个方面的学习基础。比如，下文展示的是在教授"细节描写"这一学习主题时使用的测试小工具：

师：好的细节如此动人。找出自己随笔中一处细节描写，也可以读屏幕上的例文，借鉴刚学会的方法，进行修改提升，试试身手。

"语文课开始了，老师把批好的试卷发了下来。在拿到试卷之前，<u>我紧张得要命，就怕自己考砸了</u>。试卷拿到手以后，我一看不及格，很是伤心。"

修改画线处，学生展示的同时，引导：你的细节描写用了什么技巧？（多角度进行细节描写：动作的细节、语言的细节、神态的细节、外貌的细节、心理的细节、环境描写等等。）

天阴沉沉的，不时刮来阵阵冷风。风刮到我身上，我就不由自主地打战。教室里静悄悄的，只听见"沙沙"的发试卷的声音。"哗啦！"我的心随之猛跳了一下，一个同学不小心把书碰到了地上。同桌的试卷发下来了，79分，看着同桌哭丧的脸，我不由得心里直打鼓。

试卷静静地反放在桌上。我用有点颤抖的手去掀试卷，一个鲜红的"4"

映入我的眼帘，我的手一抖，又合上了试卷。我一咬牙，把手伸到试卷底下，用力一翻，随着"啪"的一声，我看到了我的分数——48，可怜的"48"，我"唉"的一声便瘫倒在桌上。

通过一个几分钟的小测试，教师可以迅速掌握学生对于某一个学习主题的基本掌握情况，由此调整教学起点和教学活动，使之更具有针对性。

在日常与学生的互动中，我会随时跟他们交流阅读心得，并将其建构为学习起点。下文展示的是我在某次阅读批注讨论课前与孩子们的对话实录。

师：你们可以跟老师说说批注后的感受和学习心得吗？

生1：我比较喜欢《吆喝》这篇文章，文章当中对于声音的描写很多，作者把吆喝的语句写出来了，体现出了北京话的特点，儿化音比较多，体现出了家乡的特点。

生2：我比较喜欢《春酒》这篇文章。我批注的是文章的最后两个自然段。读到最后能够感觉出来这两段是揭示文章主旨的，表达了作者的情感。通过儿子的形象表现了作者对母亲的思念，对于儿时的怀念，有一种时光飞逝的感慨。

生3：我也比较喜欢《春酒》这篇文章。第1自然段写出了新年的景象和喝春酒的习俗；第2自然段写出了"我"对八宝酒的喜爱；第3自然段写出了"我"喜欢八宝酒的原因；第4自然段写出了母亲的形象特征；第5自然段说了喝八宝酒的习俗；第6自然段写出了母亲分享八宝酒，还体现出母亲的善良、热情；最后三个自然段直接描写了母亲的形象。

生4：我比较喜欢《端午的鸭蛋》这篇文章，文章主要围绕端午的鸭蛋展开，但是在文章的第1自然段首先写了家乡端午的习俗，再引申到鸭蛋，我觉得从习俗引到端午的鸭蛋非常巧妙。让我印象最为深刻的是第2、3、4自然段，"不过高邮的咸鸭蛋，确实是好，我走的地方不少，所食鸭蛋多矣，但和我家乡的完全不能相比！曾经沧海难为水，他乡咸鸭蛋，我实在瞧不上"，从这几句话可以看出作者不单单热爱家乡的咸鸭蛋，同时也写出了对家乡的热爱和思念之情。"但是《腌蛋》这一条我看后却觉得很亲切，而且

'与有荣焉'"，作者因家乡的咸鸭蛋很出名而自豪。

课前我大概了解到学生的表达非常清晰，要点抓得非常明确。但是他们更关注宏观内容。因此，当我在课堂上听到有学生分享了书中较为细微的部分时，我顺势做了一个教学决策。

生1：我找的是《春酒》第3自然段最后几句。"母亲给我在小酒杯底里只倒一点点，我端着，闻着，走来走去，有一次一不小心，跨门槛时跌了一跤，杯子捏在手里，酒却全洒在衣襟上了。抱着小花猫时，它直舔，舔完了就呼呼地睡觉。原来我的小花猫也是个酒仙呢！"这一段以孩童的视角写小花猫，写出了作者对于酒的喜爱。

师：你读的时候脑海中能否浮现出这样的画面呢？

生1：可以浮现出这样的画面。

师：这段文字我们同学抓得很好，以孩童的视角写出了童真童趣。好，请坐。

生2：我比较喜欢《吆喝》这一篇。《吆喝》的第9自然段让我看出一些声音的特点，包括颤音、语气。"他几乎全部用颤音，先挑高了嗓子喊'行好的——老爷——太（哎）太'，过好一会儿（好像饿得接不上气儿啦），才接下去用低音喊：'有那剩饭——剩菜——赏我点儿吃吧！'"

师：语气把握得很好，什么是颤音呢？

生2：因为他太饿了，所以声音会抖。

师：那颤音应该怎么读出来呢？尝试给大家朗读一下。

生2："'行好的——老爷——太（哎）太'，过好一会儿（好像饿得接不上气儿啦），才接下去用低音喊：'有那剩饭——剩菜——赏我点儿吃吧！'"

师：读得很棒！可以看出饿得不行了，好，请坐。这位同学的批注实际上是对前面同学批注内容的补充，《吆喝》这篇文章当中，声音有高的、低的，有节奏感非常强的，这是对大街小巷里的声音进行批注，大家抓住了这一点非常棒！

生3：我喜欢《济南的冬天》的第4自然段："看吧，山上的矮松越发的青黑，树尖儿上顶着一髻儿白花，好像日本看护妇。"这一段运用了比喻、拟人修辞手法，生动形象地表现出了济南冬天的形态，非常具有画面感。第5 自然段："古老的济南，城内那么狭窄，城外又那么宽敞，山坡上卧着些小村庄，小村庄的房顶上卧着点儿雪，对，这是张小水墨画，也许是唐代的名手画的吧。"古老的济南在作者的描写之下画面感非常强，就像一幅水墨画。

师：这位同学找到的关键语句非常棒，分析能更细致一些吗？把刚刚的"山坡上卧着些小村庄，小村庄的房顶上卧着点儿雪"再仔细读一下，品味一下这个"卧"字。

生3："山坡上卧着些小村庄。"（生朗读得较为生硬）

师：这个"卧"的处理好像还缺一点情感，谁可以来帮一下他？

生4："古老的济南，城内那么狭窄，城外又那么宽敞，山坡上卧着些小村庄，小村庄的房顶上卧着点儿雪，对，这是张小水墨画，也许是唐代的名手画的吧。"

师：好，那你能跟大家分享一下"卧"字主要体现了什么情感吗？

生4："卧"字给人一种很闲适的感觉。

生5：我觉得"山坡上卧着些小村庄，小村庄的房顶上卧着点儿雪"给人一种很轻柔的感觉，作者没有直接说山坡上有小雪，而是说"卧"着，给人一种柔和、柔美的感觉。

师：济南的雪是小雪，刚才咱们同学说的"闲适"表现出作者对济南冬天的喜爱之情。通过同学们的发言，老师觉得大家都能很准确清晰地分析语言，这一点非常棒，老师就不赘述了。现在老师想问问同学们，阅读完这些补充资料，包括《昆明的雨》这篇文章，大家发现共同之处了吗？

生6：作者都抒发了一定的感情。例如《昆明的雨》抒发了作者对于昆明的喜爱之情，《端午的鸭蛋》则抒发了作者对家乡鸭蛋的喜爱之情。

师：在《端午的鸭蛋》这篇文章当中，作者仅仅表达了对端午鸭蛋的喜爱吗？

生6:《端午的鸭蛋》作者借鸭蛋表达对家乡的思念和热爱之情。《春酒》表达了对家乡的思念。《吆喝》通过北京特有的吆喝声表达了对家乡的热爱。

师:好,同学很好地把握了一点,这几篇文章都写出了真情实感。虽然济南不是老舍的家乡,但却是第二故乡,所以通过语言文字我们能够感受出老舍对济南的喜爱之情。刚才这位同学的表述,老师听出了一点问题,稍后我们再解决。

生7:《济南的冬天》《春酒》《吆喝》《端午的鸭蛋》这几篇文章都是借景或物来表达情感。以《吆喝》为例,作者写的是老北京胡同的吆喝声,我们可以猜想这篇文章的作者也是个老北京人,要不然不会观察得如此细致,通过吆喝,表达对老北京的热爱和怀念。

师:好,那你的记忆当中有什么印象深刻的吆喝声吗?

生7:磨刀磨剪子的声音。

师:可以给大家表演一下吗?

(生7吆喝,赢得一片掌声)

师:我们可以看出,如果我们的分析局限在作者对某一物或景的喜爱上,说明这篇文章我们还没有完全读懂。老师希望同学们能够读懂文本。

生8:这几篇文章,作者在写的时候抓住了想要表达的事物的特点。《端午的鸭蛋》看似写鸭蛋,实则写对家乡的喜爱。作者抓住了端午鸭蛋的特点来写。《济南的冬天》中,济南的冬天是响晴的,这是独有的特点。而吆喝则是有老北京特色的,所以作者抓住景物本身独有的特点,通过特点来表达自己的情感。

师:非常好!语言表达干净,特别是《济南的冬天》,能够抓住济南的冬天是响晴的这个特点,说明读书读得非常细致。我们说借景抒情,借某一个事物抒发情感。我们现在提倡传承传统文化,这一单元中有许多非物质文化遗产,比如说吆喝,北京胡同中的吆喝也许会随着时代的变迁慢慢消失,但是这份记忆会永久保存。实际上,表达了作者对美好生活的眷恋。

通过课前与学生聊天，我发现学生对文本的理解有偏差，随后我与学生共同梳理出存在的问题，我将教学起点定为通过比较不同文本中细微的意象或细节，从内容和形式两个角度入手，"游走"在不同的文本中，对这个学习单元有贯通的认知。

在日常的语文教学活动中，一般会将上述两种建构学习起点的方法配合使用。并且，教师在进行大量的刻意"训练"之后，会把这个策略使用得更为灵活、更为轻松，同时也会将其贯串在语文课堂内外，以及语文教学的各个流程中。

多维情境拟设策略

情境教学指在教学过程中为了达到既定的教学目的，从教学需要出发，引入、制造或创设与教学内容相适应的具体场景或氛围，引起学生的情感体验，帮助学生迅速而正确理解教学内容，促进他们的心理机能全面和谐发展，提高教学效率的方法。① 我国春秋时期就非常重视环境对于人的成长和教育的作用，如墨子见染丝者而叹，"染于苍则苍，染于黄则黄"，都证明了环境与学习者之间存在广泛互动和相互影响的关系。墨子将人比喻为纯洁的白丝，强调"故染不可不慎也"，深刻揭示环境对人的影响。在语文课堂教学实践中，情境教学有三大主要特征。第一是体验性。教学情境既可以是实景的再现，也可以是相似的场景模拟。我们通过对学习者比较熟悉的学习场景、生活场景等的塑造和模拟，刺激他们已有的认知，让学生充分动用已有的知识储备，在认知中还原相似的真实情境，有利于他们将旧有知识经验和新的知识经验形成链接，从而产生共鸣。同时在真实场景中使用和习得语言，能够使学习者获得更为直观、深刻、真实的情感和学习体验。第二是想象性。在语文课堂上，教师不可能将生活中的场景完全复制、还原出来，甚至有一些场景是普通人无法体验或感知的，这个时候作为教师，我们要充分借助学生

---

① 韦志成. 语文教学情境论 [M]. 南宁：广西教育出版社，1996.

的想象力和想象活动，将教学内容与我们所想象的真实情境联系在一起，完成语文教学活动。第三是包容性。在多元的、综合的语文教学情境中，教师和学生实现了平等沟通。情境教学改变了传统教学观念，在真实的情境中，教师和学生的有效沟通成为可能，进一步增强了学生的参与感，教师有更多的机会走进学生心里，与学生站在平等的视角上真诚对话。语文情境教学可以实现语文工具性和人文性的统一以及艺术性和实践性的结合。在语文情境中，学生可以在真实的语言环境中锻炼自己的语文能力，也可以设身处地地感受语文的学科之美、人性之美。语文也是实践性极高的学科，主要体现在学生通过对听、说、读、写方面的训练，获得良好的表达能力、写作能力、阅读能力。在这个过程中，学生也可以感受到语文学科的感性之美。

我们可以通过语文综合性实践活动、生活化场景、多媒体资源和语言进行多维语文教学情境的合理、有效建构。语文是一门综合性极强的学科，我们要善于通过丰富的语文实践活动，创建母语使用和学习的真实情境，帮助学生体验不同情境中的不同角色，完成语言活动的建构。我们都知道，想学好语文，多阅读文化典籍和文学名著是非常有帮助的。然而，现在的读书活动多是枯燥的、流于形式的，举办校园读书节，开展"书香班级""读书之星"评比，召开读书交流会，开展读书笔记展览、展示读书成果等是学校读书活动的常规做法。用"蜻蜓点水""水过地皮湿"来评价当前一些学校开展的读书活动并不为过。开展活动之后，让我们静下心来想一想：我们的学生究竟读了多少书？读书活动的成效如何？可以说，读书活动往往变成了走过场的校园"作秀"。因此，我们希望通过更为多元的语文综合实践活动，帮助学生建构不同的角色和身份，让他们通过不同的视角对读书这件"小事儿"进行建构，展示不同形式的成果，极大地增强了他们对读书的兴趣。同时多元语文教学情境带动了他们的多元化输出，也反向增强了阅读动机。我设定的几个语文阅读教学情境也非常有利于学生、教师和家长之间进行良性互动。下文展示的是阅读活动的策划书、评分细则和部分学生的学习成果。

北京市第八十中学初中部读书活动策划书

亲爱的各位老师、同学及家长：

　　为了拓宽学生视野，促进学生读、写、说、用语文能力的全面发展，鼓励学生享受读书的乐趣，养成良好的读书习惯，八十中学望京初中部特举办系列读书活动，为学生读书成果的展示提供一个广阔的舞台。现将活动的具体事宜通知如下。

◎指导思想

　　书籍，是人类宝贵的精神财富，是经验智慧的结晶，是走向未来的基石；读书，是人们重要的学习方式，是人生奋斗的航灯，是文化传承的通道，是人类进步的阶梯。读书应当是一个人日常的生活方式，理想的教育"应该重视让学生与书本为友，与大师对话"。在新课程改革的背景下，开展读书活动，也是提高教育教学质量的有效途径。为了扩大学生的阅读量，增加学生的语言积累，活跃校园文化，促进学生的个性发展，让每一位学生与书为伴，养成爱读书、好读书、读好书的习惯，并积极配合学校开展的读书活动，特制订此读书计划。

◎活动目的

　　（1）以读书活动的开展为契机，激发师生的阅读兴趣，引导师生养成爱读书、好读书、读好书的习惯。

　　（2）通过抓好"读（阅读美文）、写（读书征文）、讲（读书演讲）、赛（读书竞赛）"四个环节，发展学生读、写、说、用等方面的能力。

　　（3）通过读书活动，推动书香学校、书香班级的建设，努力构建和谐、文明的校园，为社会阅读氛围的形成贡献力量。

◎活动主题

　　"品读经典名著，共享智慧人生"

◎活动内容

写画大比拼

(1) 读书征文比赛活动。

(2) 学生摘录著作中的名言警句，以书法、绘画的形式呈现，作品在班级中展示，由全体学生投票评出一、二、三等奖。

我是演说家

(1) 学生围绕名著内容选择主题进行演讲，可以是读书心得感受、图书推介、书评等，也可以是读书过程中发生的趣事佳话以及读书的故事。报名者首先在班级内部进行演讲，由学生和教师组成评委会进行评判，分为一、二、三等奖和优秀奖若干名并对其进行奖励。班级民主推荐一名优秀演讲者面向初中部全体同学进行演讲，由校领导和教师组成评委团进行评判，最后予以表彰奖励。

(2) 为了了解学生读书的品质，以班级为单位开展辩论赛活动。辩题从某一部作品中选取，辩手必须严格遵守辩论规则。由教师组成评委会进行打分，评出冠、亚军，在整个辩论赛中选出最佳辩手若干名。

创意无限秀

(1) 书签设计比赛。9月23日下发书签设计比赛通知，截至10月20日上交个人作品，由教师和学生代表组成评委会集中对学生设计的书签进行评比，评出一、二、三等奖和优秀奖若干名。

(2) 课本剧表演。以班级为单位，对读书内容进行适度改编，以课本剧的形式向初中部师生进行汇报表演，择优表彰。

(3) 读书微电影。以自己的读书故事或阅读内容为剧本制作微电影，电影要有一定的主题思想，或者具有独特的创新性。

集体荣誉众人争

(1) 书香班级评选活动。根据班级整体在读书活动期间的综合表现，评选出初中部两个"书香班级"。

(2) 家庭读书展。可以表达亲子读书活动的点点滴滴，可以展示家长与孩子一起读书的感受心得，也可以采用其他形式分享读书的快乐。最后由教师和学生共同评出"书香家庭"奖，在活动现场举行颁奖仪式。

"书香班级"和"书香家庭"评比细则

◎ "书香班级"评选标准

1. 本班学生读书兴趣高，班级读书氛围浓厚，人人认真阅读推荐书目，经典诵读持之以恒，每人每学期阅读量基本达到课程标准的要求，学生知识面广，在公开读书活动中有明显表现。

2. 定期组织读书交流活动，至少每月举行一次集中读书交流会，形成自己班级的活动特色。

3. 本班学生有做读书笔记的好习惯，人均每年读书 5 本以上。

4. 班级图书角书籍丰富，班级图书管理员管理有效，《班级图书目录》《班级借阅记录》齐全。学生珍惜爱护书籍。

5. 读书有成果，有各类活动资料（读书小报、阅读记录卡、读书笔记、好书推荐卡、班级文化布置的照片、学生参加各级读书活动获奖情况、发表文章等）。

6. 阅览室阅读情况记录。

7. 班级读书指导能经常开展并且效果明显。

◎ "书香家庭"评选标准

1. 家庭成员均热爱读书，有良好的阅读习惯。

2. 开展家庭亲子阅读，可以共读一本书，有固定的读书时间与场所。

3. 家庭成员爱书藏书，订阅杂志，每个家庭根据各自的情况建立"家庭藏书屋"和"家庭书架"，有一定的藏书量。

4. 家庭成员读书有所收获，家长对孩子在品德修养、教育成长等方面有较好的影响。

◆ 学生作品

心灵的呐喊

——我最喜欢的一本书《呐喊》

我曾经醉心于《红楼梦》里人物的悲欢离合和贾府的变迁，我曾经醉心于席慕蓉在诗集《七里香》中淡淡忧伤的文字，也曾为《堂吉诃德》中痴迷于骑士文学的堂吉诃德的种种行为而发笑。书，令我感受"大江东去"的豪迈，"壮志饥餐胡虏肉，笑谈渴饮匈奴血"的潇洒。当童年的纸船顺流而下，当青春的白帆向我远远驶来，载着成熟也载着情窦初开，十五岁，花一样的季节，梦一般的年龄，《格林童话》《安徒生童话》《机器猫》等书已从我的书柜中消失，取代它们的是《堂吉诃德》《巴黎圣母院》等令我读后心潮澎湃的小说。

在紧张的学习之余，最喜欢坐在洒满月光的阳台上，手捧着一杯温香的清茶，怀抱着那本令我爱不释手的书——《呐喊》，细读在鲁迅眼中那"吃人"的社会。

第一次读《呐喊》是在小学六年级。我不喜欢读那些令人费解的名著，而喜欢读时尚美文，但在爸爸的劝告下，我一边翻着字典，一边勉强地读着《呐喊》。几天后，我欢呼着扔下《呐喊》，我以为我读透了，想透了。爸爸又对我说："你以为你干了一件多么了不起的事吗？你了解《呐喊》多少呢？了解鲁迅多少呢？"我一下子呆住了，重新拾起《呐喊》，书中孔乙己遭受封建科举的迫害最后死去的凄凉，阿Q种种行为的可笑与可悲，封建的一切让快乐的闰土变成了呆若木鸡的木偶，面对迅哥儿，他们已不再亲密无间，而是客气得陌生了。读了，想了，最后我哭了，正如书中狂人写下的日记："我翻开历史一查，这历史没有年代。歪歪斜斜的每页上都写着'仁义道德'几个字。我横竖睡不着，仔细看了半夜，才从字缝里看出字来，满本都写着两个字是'吃人'！"我不知道鲁迅是如何想的，我想，当他看到中国人被绑着、被日军砍下头颅示众时围观者麻木的神情，他的心也一定在滴血，他说：

"凡是愚弱的国民，即使体格如何健壮，如何茁壮，也只能做毫无意义的示众的材料和看客。"最后，他选择了文学。他的武器就是笔墨！他希望以锋利的文笔激励国人，他用满腔的热情和锐利的文字写杂文、写小说，抨击这"吃人"的社会，他在呐喊，他在"发泄"，他忍受着"独有叫喊于生人中，而生人并无反应，既非赞同，也无反对，如置身毫无边际的荒原，无可措手的了"的悲哀。他感到寂寞，这寂寞一天又一天地放大，如大毒蛇缠住了他的灵魂，但他仍在写，仍在写……

重又翻开了《呐喊》，每一页都记录了封建社会毒害人的罪孽，蕴藏"聊以慰藉那在寂寞里奔驰的猛士，使他不惮于前驱"的鲁迅的心愿，他一边忍受寂寞，一边却用他热情的文字给我们留下了不朽的《呐喊》。我恨那"人吃人"的封建！我恨国人"麻木"的神情！鲁迅爱国爱民的精神深深打动了我。

好多我喜欢做的事因为繁重的功课负担而放弃，但唯一没有放弃的便是在阶下虫声中，在骄阳似火下，在秋叶纷飞中，在冬雪皑皑里，坐在我的小阳台上，捧着一杯清茶，拿着我的《呐喊》，细细地读着，读那过去的凄惨，读现在的幸福，读未来的光明……

在上述语文综合性阅读教学实践中，学生或者是慷慨激昂的演说家，或者是幕后的剧本创作者，又或者是手握"生杀大权"的书评人。总之，他们在这次活动中，带领着小组成员、老师和家长，扮演着以上这些角色并且不断变换着角色。实践活动中"严苛"的评分准则让扮演每一个角色的学生都铆足了劲儿思考着如何更好地完成任务，如何更深入地对文本进行发掘。

教师也要善于在语文课堂中建构生活化情境，包括自然环境、社会环境和日常生活环境，这些情境会生成丰厚的教学内容。比如，在讲授法布尔的《蝉》时，我根据学生的学情和学习兴趣，设计了多个学习情境，这些情境与学生的生活息息相关，也是他们在众多情境中精心选择的。学生能够在自己喜欢和熟悉的情境中自由地建构一系列的学习内容和学习成果。再比如，综合学生的学习基础和认知基础，以及在不同阶段对某一些学习主题的掌握情况，教师设计了采风活动，这些活动可以让学生在丰厚的教学情境和教学资源中产生学习动机和学习的自我效能感。

教师也可以通过图片、视频等手段实现多元情境的建构。比如，在"神州漫游"主题活动中，学生们以小组合作探究学习的方式，对各条旅游路线进行讲解。这个情境是教师设计的，但是学生在成果呈现的过程中大胆使用了各种方式（包括多媒体资源），尽可能地保证听众有身临其境的感受。利用多媒体手段辅助多元情境的建构，拓展了情境本身的广度，让很多在教室里创设起来比较困难的情境得以实现。下文是一位学生的学习成果展示。

［投影］ 北京主页

［投影］ 四合院（背景音乐《四世同堂》主题曲）

导游李子申：大家好，下面由我——导游李子申为大家介绍北京的四合院。迈进曲径通幽的胡同，满眼皆是青砖、灰瓦，这便是北京的四合院了。它们外表朴素，但规模庞大。方方正正的院子，里面住着规规矩矩的人，它们就像被人指挥似的，整齐地拼凑出一个个街道，一个个市井，一个历史的北京。

作为老北京主要的建筑形式，四合院驰名中外，世人皆知，知名度竟与故宫不相上下。其实，四合院就是微缩的故宫，一样形状的墙，不过比故宫矮了几分；一样形状的瓦，不过比故宫暗了几分……。但是，一座座、一排排的四合院构成了无可比拟的街巷。它，成了老北京的代表，老北京的文化，老北京的精神。

然而，随着高楼大厦如雨后春笋般拔地而起，四合院文化正在消失。现代社会，人们住高楼容易，住四合院难。老北京常夸耀的"天棚鱼缸石榴树"，大抵是在四合院里才能找到的陈设，再不留心，这种风景也快消逝了。希望大家都能神游其中，更希望在若干年后，四合院仍能绽放异彩！

我们也可以使用语言策略建构多元化的语文学习情境。苏霍姆林斯基说过："教师的语言是一种什么都替代不了的影响学生心灵的工具。"教师可以通过丰富的语言内容和语言表达方式，帮助学生建构各种语文学习情境。下文呈现的是我在讲授细节描写的过程中,与学生分享的踏青时的所见所闻所感。我通过语言让学生身临其境地感受到踏青时看到的景色,也通过语言塑造的情境,更形象地与学生分享如何在生活中发现"细节的美"。

师:要想写好细节,一是掌握技法,二是做个生活的有心人。时时处处留心观察,细心捕捉身边的人、事和景。你会发现,不只是人的精神境界丰富多彩,这个世界也是多姿多彩的,既有长河落日、风起云涌的雄伟壮观,又有莺歌燕舞、游鱼细石的细致美景;既有气势恢宏的场面,又有感人至深的瞬间。

> 淡蓝雅绿遥相望,
> 默默无语承载多。
> 花瓣片片寄相思,
> 一路椰汁一路歌。

这是我与朋友踏青时,兴之所至,内心受到感动而写的文字。其中,"一路椰汁一路歌"是我非常喜欢的一句诗,这句诗抓住了踏青路上的一个细节,我与友人一路喝着椰汁,一路听着歌曲,欢快地行进在路上。正是通过细节的展现,将那个时刻永久地印在脑海里。生活中的细节是醒着的,沉睡的只是我们的眼睛。就让我们擦亮眼睛,用一颗细腻的心去观察生活,去捕捉生活,去刻画那一个个令你怦然心动的细节,相信我们的文章会因此更加鲜活,情感会更加丰富,生命会更加厚重。

"漏斗"策略

漏斗策略首先指"漏斗沉淀"策略,是教师用漏斗思维来判断学习者的学习基础,并由此确定学习起点的方式,也就是用层次递进或者中心分散的方式一步步地梳理学生已有的学习基础和认知基础。漏斗策略主要指漏斗提问法。每一个学习者对于每一个学习主题的学习进展和学习情况都是不同的。因此,即使教师与学生平时的互动十分密切,教师也没有办法完全得知某一个学生对某一个问题的掌握程度。所以除了我们提到的几种判断学生学习起点的方法和时间点，在课堂上的提问环节也是至关重要的，我们可以在课堂上通过聊天式的提问与学生进行互动，逐渐缩小范围，判断学习者对某一个学习问题的真实学习情况，提问时由大到小，最后聚焦于文本的中心。漏斗式提问往往以宽泛的话题入手，通过设置一系列问题，使谈话内容逐渐聚焦，从而达到探寻近况、盘问细节的效果。在语文课堂上，如果我们想使用漏斗提问的方式来判断学习者的学习基础，可以依次采取开放式问题、探究式问题和封闭式问题的提问方式。开放式问题，顾名思义，指没有确定答案或思考路径的问题，开放式问题非常适用于在语文课堂开始或前半部分使用，因为开放式问题类似于头脑风暴，更容易激发学生的学习兴趣。如果一开始上课就设定一些非常难的封闭式问题，那么就会把学生困在非常狭隘的思维空间中，并且如果一些学生对这个问题掌握得不是很好，他们就会产生畏难情绪，甚至对这节课或者这个学习主题、学习单元都失去学习兴趣，那么我们就失去了判断他们学习起点的初心。我在进行作文教学的过程中，首先会请学生来谈一谈自己对于某一个写作方法或者是写作主题的印象和感受。

开放式问题 1

师：好的文章都是从灵魂深处流淌出来的，而这些情感又往往凝聚在一些细小的文字中，今天我们就来探讨细节描写，先来看看什么是细节。欣赏美文，请大家概括细节是什么。

（欣赏美文）

生活，可能没有黄金剧场的电视剧那样煽情，却有比电视剧更真实、更感人的细节。

细节是放学回家后母亲的一声嘘寒问暖，细节是做完作业后父亲的一句"早点睡觉"，细节是讲完题后老师询问你是否懂了的眼神，细节是生病后朋友递来的记得一丝不苟的笔记。细节很小，却让人长久感动。孟郊写下了

"临行密密缝，意恐迟迟归"的细节，让无数游子为之落泪；王维写下了"劝君更尽一杯酒，西出阳关无故人"的细节，让无数行人为之叹惋；苏轼写下了"小轩窗，正梳妆"的细节，让天下有情人为之唏嘘。是细节又不只是细节，它包括了细节背后的深深情感……

（学生自由谈什么是细节）

师（总结）：

细节还是校园里杨树鼓鼓的芽孢，是草坪上"遥看有，近却无"的那抹绿色。在我的眼里，细节是你额前调皮的刘海，是你笔直的脊梁，是你专注的眼神、会意的微笑。

而在诗人眼里，细节是苏东坡笔下"露微意、柳际花边""小桃杏、应已争先"的无边春意，是白居易笔下"夜深知雪重，时闻折竹声"的地冻天寒。

明确：细节就是细小的环节或情节，如对人物的一举一动、事物发展的具体环节、环境中的细小物体进行细微描摹。它能化枯燥为生动，化单调为丰富，化平淡为神奇，它让我们读者眼前一亮，心中一动。

开放式问题 2

师：上课，同学们好！

师：老师有几个问题想问一下同学们。刚才你们进来的时候所有同学都在问老师位置怎么坐。按道理大家自己选择座位就可以了，但是老师又说了一句什么话呢？

（学生齐说"男女搭配，干活不累"）

师：你来说说你是怎么理解这句话的呢？

生1：夫妻一起工作，分工不累。

（同学大笑）

生2：男生有擅长做的事情，有自己的思维；女生有擅长做的事情，有自己的思维，两者配合是最好的。

师：今天咱们学习描写这一写作手法，在座的同学哪一位特别擅长写作呢？请举一下手。

师：老师想先请一位同学回答问题，你理解的描写是什么？

生3：让作文的语言变得优美。

师：说得非常好，老师要把这句话写下来。同意她的观点的同学请举手。

（教师板书，班级三分之二的同学举手）

生4：我觉得描写不一定用的是优美的语言，我认为描写是对事物进行详细的写作，让人了解事物。

师：那你能用一句话概括自己的观点吗？你理解的描写的作用是什么呢？

生4：我觉得描写的作用是让作文变得更加真实。

生5：我觉得描写是对事物进行详细概述，在此基础上增加一些优美的语言。

师：这个问题我们现在不深究，在上课的过程中我们将逐步领会描写的作用到底是什么。刚才说描写可以使语言更加优美，我们思考一下，描写能否让语言变得优美呢？哪位同学愿意用几句话描写一下自己的妈妈或者描写一下老师？

在上述课例中，我抛出的问题都是较为普适性的问题。这些问题能让有不同学习基础或学习兴趣的学习者共同参与进来，一起聊几句。这也是我们判断学习起点的基础。当我们对学习者的学习兴趣有大概的了解之后，我们就可以进一步建构一些探究式的问题。

在与学生共同建构一到两个开放式问题之后，我们可以针对具体的话题或内容设定一些探究式问题。探究式问题相对于开放式问题来说更加具体，同时具有一定的难度，可以鼓励学生进一步思考或探究。在与学生进行探究式问题思考路径的建构过程中，我们可以非常清楚地知道学生对于某一主题的学习基础，以及他们思考的具体方式，这就有利于随时调整、补充关于学习者学习起点的知识。比如，刚刚提到的课堂实录1中，我已经大概了解了学生对于细节描写的情况，接下来我就要通过学生对于细节描写的评价这一探究式的话题，去判断学生对于细节描写的掌握情况。

师：你写过什么细节？请同学们在自己的随笔中找出一处细节描写，展示给其他同学。

（学生展示交流，自由评论）

师：欣赏了同学们的细节描写，我们来看看名家笔下的细节。

提起刘鹗的《绝唱》，你的眼前会出现一双眼睛——那双眼睛，如秋水，如寒星，如宝珠，如白水银里头养着两丸黑水银，左右一顾一看，连那坐在远远墙角子里的人，都觉得王小玉看见我了。

关于朱自清的《背影》，你想起了什么细节？（对父亲爬月台时吃力的样子所进行的动作描写，用了攀、缩、倾等动词）

我们继续聚焦名家笔下的细节——

贾母这边说"请"，刘姥姥便站起身来，高声说道："老刘老刘，食量大如牛：吃个老母猪，不抬头！"说完，却鼓着腮帮子，两眼直视，一声不语。众人先还发怔，后来一想，上上下下都一齐哈哈大笑起来。湘云掌不住，一口茶都喷出来。黛玉笑岔了气，伏着桌子只叫"嗳哟！"宝玉滚到贾母怀里，贾母笑得搂住叫"心肝"，王夫人笑的用手指着凤姐儿，却说不出话来。薛姨妈也掌不住，口里的茶喷了探春一裙子。探春的茶碗都合在迎春身上。惜春离了坐位，拉着他奶母，叫"揉揉肠子"。地下无一个不弯腰屈背，也有躲出去蹲着笑去的，也有忍着笑上来替他姐妹换衣裳的……（摘自《红楼梦》第四十回）

所有人都在笑，湘云、黛玉、宝玉、下人们笑得一样吗？作者曹雪芹惟妙惟肖地刻画了各人不同的笑态，深刻而生动地烘托出他们不同的性格，特别是他们的社会地位、身份和相互间的关系。这耐人寻味的"笑"的细节，使读者如见其人，如闻其声。

（史湘云是直肠子的人，平时做事尚且不瞻前顾后，此时自然要首先爆发，笑得喷茶了。林黛玉是个体质娇弱、孤僻自洁的人，因此"笑岔了气，伏着桌子只叫'嗳哟！'"宝玉平日专会在贾母面前撒娇，这时笑得"滚到贾母怀里"……而家里的用人，在封建社会里是没有地位的，因此，在主人面前不能尽情地笑，只能"躲出去蹲着笑去"，"忍着笑上来替他姐妹换衣裳"。)

综合前边我们赏析的几个片段——对刘鹗笔下的王小玉、朱自清笔下的父亲、曹雪芹笔下的各色人等这些细节描写，谁来说说什么样的细节才是好的细节?

通过探索和学习，学生会从不同方面对什么才是好的细节描写这一探究问题进行回应，他们的回答可以作为语文教师判断学生学习情况、调整语文教学起点的充分材料，教师可以据此展开接下来的语文教学活动。在语文课堂的后半部分，我们可以设定一些封闭式问题。这类问题可以更具针对性，这不但完成了对本节课的评价，也为后续的教学确定了新的起点。这类问题通常有较为固定的、封闭的答案和思考路径。

在具体的语文课堂教学实践中，上述三类问题的呈现方式和呈现节奏，我们也可以灵活处理。下文为《香菱学诗》前半部分的课堂实录，因为对《红楼梦》阅读和对《香菱学诗》文本的探究工作，学生已经在课前提前完成了。因此，我将针对其中某一个主题进行漏斗式提问。

师：上课，同学们好!

生：老师，您好!

师：大家喜欢《红楼梦》吗?能否说出《红楼梦》中的主要人物?

(学生自由发言)

师：一部流传至今的《红楼梦》中有四百多位痴男怨女出场。香菱，就是我们今天的主人公，她是我们所有人物中出场最早的，也是命运最悲惨的。在第四十八回的时候，作者又给香菱增添了一个情节，让香菱学诗。到底作者想给香菱这个人物怎样的诠释呢?今天这一节课，我们就一起来慢慢品味。

(教师板书课题)

师：课前我们布置了三个预习任务，现在老师来检查一下。第一个任务就是熟读课文，了解内容，其中需要思考的问题是香菱学诗有哪几个过程;

第二个任务是梳理香菱在《红楼梦》中的情节；第三个是我们读书的过程中有什么疑问，可以标注出来。

师：文章的标题是《香菱学诗》，那么香菱学诗有几个阶段呢？

生：我觉得有三个阶段，第一个阶段是香菱拜师；第二个阶段是香菱读唐宋八大家的诗；第三个阶段是香菱刻苦地学习怎样作诗。

师：好，有三个阶段。第一个阶段是香菱拜林黛玉为师，学习关于诗歌的知识。第二个阶段是品诗。第三个阶段是香菱作诗。

师：第二个问题，哪位同学来介绍一下你找到的关于香菱的身世以及与之相关的故事情节？可以用简洁的语言概括一下。

生：香菱原名叫甄英莲，她三岁的时候被拐卖，长大后被卖给薛蟠做小妾，经常被欺辱，最后因难产而死。

……

漏斗式提问可以帮助语文教师和学生层层深入、共同建构学习的起点，这种不断深入的思维过程对学生后续的语文学习也有极大帮助。

第二节 语文课堂教学的建构策略

语文课堂教学是语文教学的重要环节，也是学生和语文教师共同建构语文学习过程和语文学习成果的最重要的平台。在语文课堂教学过程中，教师要学会时刻捕捉学习者学习的情况，目的是生成、调整自己的教学目标，并且采用灵活的教学策略去建构教学活动、选择教学内容，与学生共同完成语文教学任务。

教学目标建构策略

语文教学目标在语文教学的全过程中起着概念地图的统领作用，但是在现阶段的教学实践过程中，语文教学目标的设定存在如下问题：首先，语文教师对教学目标的主观预设性过强；其次，语文教学目标的设定过于形式化和笼统化；最后，语文教学目标多是静态化的预测，少有动态化的生成。针对这类情况，教师首先应该尽可能地避免过分刚性的预设目标对于整个课堂教学的把控和影响，更应该投入大量的精力去思考，面对变化的教学情境和学习者的情况，教师应该如何调整和生成新的教学目标。同时，建构式对话教学理念指导下的目标设定，可以避免传统课堂目标预设性过强所造成的课堂的僵化，但在生成时也要尽可能地避免目标的随意性和盲目性。

弹性目标预设策略

语文教学目标可以分成预设性目标和非预设性目标。我们反复强调语文教学无论有多强的生成性、建构性，始终要做到"戴着镣铐跳舞"，要在一定的语文学习主题和特定的任务下进行。如果想最大限度地保证学生语文学习的主动性和主体性，就要掌握弹性目标预设策略。弹性目标预设策略首先指目标本身的弹性空间。语文教师要对学习者有充分的了解和掌握，并且要根据不同学习者的学习基础设定学习目标，即针对同一语文教学目标，教师要在心中有不同层次的能力划分，要做到心中有数，学生可以达到什么样的目标，达到什么样的水平。虽然在设定语文教学目标时，目标要定得少而精，但是教师在课前准备的过程中，一定要对同一目标有不同层次的划分，即在心中划分出多个小目标。这样教师在授课时就能对目标完成情况有基本的掌握，弹性目标预设策略也指目标的可生成性和开放性。如果将目标设定为完全封闭的，只关注语文知识内容，那么在课堂教学过程中就很难有机会建构新的语文学习目标和教学目标，这样，课堂就失去了生机和活力。比如，教师在引导学生对《老王》和《小狗包弟》两个文本进行对比阅读时，希望学生对这两个文本的深层情感进行探究。同时，教师认为可以将目标设定为不同的层级，分别是：

品味和推敲重要词句、语段的含义及其在语言环境中的作用；

理解作品的内容、深层含义；

体悟作品所蕴含的文化内涵。

以上三个目标层层递进，需要学生在体味、领悟文本情感的能力方面逐渐深入，这样的预设目标直接引导着教师进行接下来的语文教学活动。

● 教学片段一：品味和推敲重要词句、语段的含义及其在语言环境中的作用

师：在同学们阅读的过程中，老师给大家两个小建议：1. 反复阅读，用心思考，看哪些地方最能打动你。2. 结合课前预习，请同学们找出两篇文章的相同点和不同点。

（学生默读思考）

生1：我觉得相同点是这两篇文章都表现了作者的愧疚之情。

师：既然同学已经说了相同点，那我们就先比较相同点。请同学结合课文具体说说相同点。

生2：《老王》第22段最后一句话："那是一个幸运的人对一个不幸者的愧怍。"《包弟》第11自然段："我怀念包弟，我想向它表示歉意。"

师：同学们找到了两篇文章的共同点。我有个问题：一个是对人，一个是对小狗，有什么相同的地方？

生3：小狗是动物，是人们取乐、消除孤独的玩物。

生4：人们高兴时小狗就成为他们逗乐的工具；人们不高兴时对小狗想怎样就怎样。

生5：《小狗包弟》里的小狗是条洋狗，最早的主人是个外国人。到作者家时，它已经被反复送过三次。由此可见，小狗不能主宰自己的命运。

生6：请大家看《老王》第2自然段，老王孤独，没有亲人；贫穷，生活艰难；只有一只眼，是个残疾，所以处境悲惨。

师：这位同学说得太好了，他不仅概括了人物的特点，而且语言表达非常有层次。结合前几位同学的说法，谁再概括一下？

生7：我认为两篇文章的主人公命运相同，都是弱势者。

师：很显然，同学们不仅找到了两篇文章在感情抒发上的相同点，也找

到了在相同社会背景下，作者笔下主人公共同的命运。但文章应该是找不同点。

● 教学片段二：理解作品的内容、深层含义

师：同学们接着看《老王》，能不能从人的身份和处境来思考，造成老王和杨绛情感交流上错位的原因呢。

生1：杨绛有文化，老王没文化。两个人交往的方式就不一样。

生2：老王朴实、厚道、待人真诚，但他又不善言谈，心里有话，又说不出来。杨绛是知识分子，讲规矩，讲礼数，当时被下放，受管制，所以做事小心翼翼，交往上，注重价值交换，对等，两不相欠。

生3：老王发自内心对杨绛一家好，把他们一家当成亲人，杨绛还达不到这个程度。杨绛无法体会老王内心的真挚的情感，她至多给老王一些物质上的帮助。

生4：物质掩盖了真情，狭隘阻隔了心灵的碰撞，文化的差异使老王无法走进作者的世界。

师：非常精练。文化上的差异，使他们不可能成为无话不说的朋友，更不可能成为亲人。杨绛的愧疚是时过境迁之后的自责，懊恼，懊悔，反省，解剖。

师：《老王》我们就谈到这里。《小狗包弟》的结尾有这样一句话："整整十三年零五个月过去了"，"满园的创伤使我的心仿佛又给放在油锅里熬煎"，使他感到"这样的熬煎是不会有终结的，除非我给自己过去十年的苦难生活做了总结"。写这些句子仅仅因为作者伤害了一条小狗吗？

生5：不是，他还失去了妻子。

生6：他不仅伤害了包弟，他还无原则地说了些违心的话，做了一些违心的事，伤害了其他人。

师：读书很仔细。我补充一个材料。（巴金年轻时的一段话）"为着追求光和热，人宁愿舍弃自己的生命，生命是可爱的，但寒冷的、寂寞地生，却不如轰轰烈烈地死。"

生7：违背了当初做人的誓言。

生8：他没有"轰轰烈烈地死"，而是"唯唯诺诺地活"。

●教学片段三：体悟作品所蕴含的文化内涵

师：大家都在无情地揭露和批判巴金，巴金真那么可恶吗?《小狗包弟》有这样一句话："即使在'说谎成风'的时期，人对自己也不会讲假话，何况在今天，我不怕大家嘲笑，我要说：我怀念包弟，我想向它表示歉意。"据此，我们看到了一个怎样的巴金?

生1：这句话揭露"文化大革命"那个年代，人们都不敢说真话。

生2：巴金也是个受害者。他在批判自我的同时，也在反思那个时代。

生3：说明巴金敢于正视错误，敢于说真话，负责任，有担当。

生4：有勇气，敢于把自己的错误说出来，这是一种勇于反思和自我解剖的精神。

师：所以说，巴金是一位有良知的知识分子，他勇敢地解剖自己，反思自我，他的反思是代那个时代反思，代我们的民族反思，希望我们的民族、我们的国家不再经历那样的痛苦、悲惨的生活。巴金是这样的，杨绛又何尝不是这样的呢?勿忘历史，反思历史，人与人真诚地交往，社会在和谐中发展，呼唤美好，向往未来，又构成了这两篇文章反思的主题。

在整个教学过程中，在对文本情感的体验和感悟方面，教师设计了从品味和推敲重要词句、语段的含义及其在语言环境中的作用，再到理解作品的深层含义，然后逐渐发展到体悟作品所蕴含的文化内涵三个目标层级。教师将这三个层级目标逐渐落实到整个教学过程中，并且这三个目标随着层级的不断加深，其开放性和生成性也是不断加深的，为建构新的、灵活的教学目标提供了无限的可能。因此在预设弹性目标策略中，目标的层级性和开放性是重中之重。弹性的目标预设和课堂中的生成性目标并不是对立的，而是对立统一的关系，预设弹性的目标可以尽可能地避免课堂生成性目标的随意性和盲目性。

互动资源捕捉策略

我们的学生不是工厂中整齐划一的产品，他们的思维能力、思维水平随时能迸发出新的思路和火花，因此，我们在课堂教学过程中要善于注重捕捉和利用他们随时产生的新想法，及时发现、捕捉学生产生的新资源，并且判断这些资源能否与自己预设的弹性目标相匹配，思考如何将这些资源重新建构成新的教学目标，这个过程要求教师在非常短的时间内马上做出决策。因此，这种对非预设资源的捕捉能力，甚至被看成是一名教师是否成熟的标志。

在互动资源捕捉策略中出现频次最高、数量最多的互动资源是偶然事件和一些突发事件。这些小事儿可能是学生一个无关紧要的提问，或者是师生的某一句对话，也或者是小组学习过程中一个新的争论点。这些小事儿是否能够得到顺利解决，是否可以被作为互动资源融合到语文教学总体设计中，是决定语文教学活动是否高效、顺利开展的大事儿。语文教师在这个过程中一定不要忽视任何一个教学细节，要善于思考，随时将这些小事儿跟自己预设的弹性目标进行互动，旨在实现预设目标和非预设目标之间的融合创新。下文是我教学《香菱学诗》的片段，我请学生逐字逐句地赏析课文中体现香菱学诗痴迷的相关语句，对于学生的每一个作答我都要发现其中的新内涵和新细节。也就是说学生的每一个作答都会成为我调整和生成每一个细小教学目标的基础。

师：这些词都反映了香菱学诗的程度，现在请大家按照香菱学诗的三个过程，在文章当中找出相关的细节描写，这些句子是如何体现香菱学诗的痴迷的？请大家在文章当中快速寻找。

生1：文章第8段"正想着，只听香菱从梦中笑道：'可是有了，难道这一首还不好？'"我觉得一个人对一件事情执着不单单在白天，连晚上做梦都在想这个事情，已经超越了喜欢。

师：好，你怎么理解前面两首是在现实中所写，后面一首是在梦中所写，这真实吗？

生1：我觉得应该挺真实的。

师：那你有过这样的体验吗？大家谁有过这样的体验？刚才这个问题真实吗？

生2：我觉得真实。因为这是小说，想怎么写就怎么写。

师：有时候我们全身心地想一个问题会出现什么样的情况？

生3：日有所思，夜有所梦。

师：好，非常好。

生4：第177页第一行写道："一时探春隔窗笑说道：'菱姑娘，你闲闲罢。'香菱怔怔答道：'"闲"字是十五删的，你错了韵了。'众人听了，不觉大笑起来。"

师：好，为什么大笑呢？

生4：因为香菱已经全身心投入到作诗一事当中，别人都不理解她。

师：别人都不理解她，香菱在回答的时候答非所问。

生4：香菱的回答是专门针对"闲"这个字的。

师：好，很好，请坐。

生5："香菱听了，默默的回来，越性连房也不入，只在池边树下，或坐在山石上出神，或蹲在地下抠土，来往的人都诧异。"这句话主要讲了香菱想诗的时候不想其他的。

师：能够讲得再细致一些吗？这句话当中有很多关键性的细节，看你能否把这些细节抓住。

生5："出神""抠土"。

师："抠土"，很好，这是一个动作描写，怎么理解呢？

生5：人在琢磨一件事情的时候，有时候太专注了就会无意识地做出一些动作。

师：很好，请坐。"抠土"这个词，哪位同学来说一下这个词？

生6："抠土"一般像香菱这般年龄的人是不会去做的，都是小孩子去抠，这个字眼可以看出她比较专心，就像我们平时思考的时候会转笔一样，这是一种没有意识的或者下意识的动作。

师：好，咱们在转笔的时候都是无意识的，这个"抠土"的动作可以反映出香菱完全沉浸在一件事情当中，这是一个下意识的动作。

　　教师根据学生的作答挖掘出新的内涵，希望通过一些细微的、偶然的小事儿不断生成和建构非预设性目标。

　　在互动资源捕捉策略中，还有一种捕捉方法是对学生和教师的一些错误的再利用。无论是教学者还是学习者，或者是评价者，在课堂学习的过程中都难以避免出现一些错误，教师作为语文课堂教学的主导者，不应该盲目地忽略这些错误，而应该利用这些"事故"，使其变成"故事"。

多维目标综合策略

　　教育的复杂性必然带来教学目标的综合性。多尔认为："今日主导教育领域的线性的、序列性的、易于量化的秩序系统——侧重于清晰的起点和明确的终点——将让位于更为复杂的、多元的、不可预测的网络。这一复杂的网络，像生活本身一样，永远处于转化和过程之中。"[①] 在建构式对话教学的教育理念下，多维目标的综合策略，首先指听、说、读、写语文课程内容的目标整合，并且指语文能力中从记忆到实践应用再到发散创新能力目标的整合。我在进行八年级语文教学的过程中发现，学生经常就某一个问题争得面红耳赤。教师为此调整了教学目标，设计了一次辩论赛。我们知道，辩论赛集道德涵养、文化积累、知识结构、逻辑思辨、心理素质、语言艺术、整体默契、仪表仪态为一体，是综合素质的较量，涉及语文的口语表达、信息提取、解释推断、领悟鉴赏、实践应用等各方面的能力，学生在撰写辩词的过程中调动了不同维度的语文能力。

　　辩论是学生活学活用语文最好的途径。辩论题目的选择、辩论流程的设计都是由教师和学生共同构建的。这样的教学目标和教学活动体现了建构式对话教学的复杂性、生成性和多元性。根据下文展示的学生的课后感悟及反思我们可以看到，由建构式的、综合性的教学目标所设计的教学活动给了学生更大的发挥空间，让学生有机会整合自己各方面的语文能力。

---

① 杜威. 民主主义与教育 [M]. 王承绪, 译. 北京: 人民教育出版社, 1990.

教学内容建构策略

"语文教学内容既包括在教学中对现成教材内容的沿用，也包括教师对教材内容的'重构'——处理、加工、改编乃至增删、更换；既包括对课程内容的执行，也包括在课程实施中教师对课程内容的创生。"[①] 由此可见，语文教师在决定"教什么"的时候，不应该被教学内容牵着走，而应该发挥主观能动性，从多种视角对教学内容进行选择、加工和创生。同时要站在与学生平等的视角，让学习者参与其中进行建构。

多视角切入策略

在传统课堂中，语文教师对语文教学内容的认知多从语文知识内容出发，比如基础知识、阅读理解、写作等，少有从多维的视角对语文教学内容进行建构。其实，无论是教师还是学生，对于某一主题的认识都不是扁平化的，而是立体的。比如，教师想讲授"眼睛"这一主题，就可以从眼睛的生物结构、老师的眼神、眼睛是心灵的窗口等几个维度选篇和教学，这几个维度分别代表了生物学、社会学和哲学的视角，引领学生从不同的角度、用不同的思维立体建构某一主题。这样就避免了学生对某一事物认识的片面和盲目，避免了传统教学中固定的思维。再比如，讲到"狼"这一主题，教师就可以从百科全书中的狼、童话故事中的狼、蒲松龄笔下的狼、当代文学作品中的狼等不同的视角对这一主题进行建构。在我们传统的认知中，狼一直作为负面的形象出现，我们需要帮助学生共同建构的"狼"的形象首先应该是中性的。我们也应该带领学生去感受动物与动物、动物与人类之间温情的瞬间，让学生知晓"狼"本身也有狡猾和残忍的本性。这种多维视角的建构带给学生的不仅是他们对于某一学习主题的全面认识，而且是他们未来看待事物、看待世界的方式。

无论是一本教材、一篇课文，还是一个单元，我们都要从多维视角切入。

---

① 王荣生，等. 语文教学内容重构［M］. 上海：上海教育出版社，2007.

在运用多维视角的过程中，教师要善于将学生的学习定位到语文核心素养的发展上。多维视角也指语文课程内部各方面能力的融合创新。多维视角也指观点多维。比如，热点事件于欢辱母杀人案在网络上引起热议，各界对这件事情有争论和不同的看法，这些争论和看法可以作为教学资源引入教学内容中，带领学生建构面对复杂世界和复杂情境的独立思考能力。

我带的一个数学特长班共有 43 名学生，他们的学习成绩非常好，家长对孩子的教育也很重视，每到周六日，学生都奔波在各种补习班之间，平时运动时间很少，体育成绩不敢恭维。体育老师找过我多次，我也为此事苦恼。正在此时，我在网上看到一个通知，为了全面贯彻落实《中共中央　国务院关于加强青少年体育增强青少年体质的意见》精神，教育部、国家体育总局、共青团中央发出通知，决定在 2008 年 10 月 26 日至 2009 年 4 月 30 日举办"阳光体育与祖国同行"冬季长跑活动。我可以借助这项活动，推动学生开展体育运动，以此改变他们体育成绩欠佳的状态。我让班长在网上以班级的名义报了名。从报名后的第一周开始，每位学生都要按照计划开始长跑，我担心实施不下去，为此苦思冥想、精心设计了活动方案。

◆ 方案设计

活动名称：

身体的运动　思维的体操——阳光体育与祖国同行

活动时间：

2008 年 10 月 26 日至 2009 年 4 月 30 日

活动主题：

2009 年是中华人民共和国成立 60 周年，是向学生进行爱国主义教育的重要契机，学校体育的重要功能之一就是通过体育活动向学生进行思想品德教育。为进行爱国主义教育，加强思想道德教育，提高学生锻炼的自觉性和积极性，阳光体育冬季长跑活动主题确定为"阳光体育与祖国同行"。

活动目标：

1. 通过活动，培养学生坚忍的意志品格，增进对祖国的热爱之情。

2. 通过活动，学生身体素质得到提高，体育成绩实现优秀。

3. 通过活动，以动促写，相互提高。

活动过程：

分为三个阶段：动员、执行、总结。

（一）阳光体育冬季长跑启动仪式（2008 年 10 月 25 日）

1. 宣布："身体的运动　思维的体操——阳光体育与祖国同行"活动正式开始！

2. 请教育处主任讲话。

3. 请体育老师宣读阳光体育冬季长跑相关内容。

4. 请吴思博、刘妍同学宣读上届同学的长跑日志。

5. 本届学生代表李君禹同学向全体同学发出倡议。

6. 领导为各班授旗，体委上台接旗。

7. 体育老师发令，伴随着阳光体育之歌，全体学生进行 1000 米长跑。

（二）阳光体育冬季长跑活动过程（2008 年 10 月 26 日至 2009 年 4 月 30 日）

1. 关于长跑的距离和强度：关于长跑距离，一是考虑长跑活动的教育性，二是考虑长跑活动的持续性，三是考虑学生的年龄特点，四是考虑学生的锻炼实效。长跑总里程以 60 公里为基数，象征新中国成立 60 周年。初中生为 180 公里，初中生每人每天跑 1500 米。

2. 跑步时间：学生利用体育课、课间操、大课间体育活动和课外体育活动时间进行，在一天中的任何时间完成均可。（为了跑步的时效，我建议放学前集体跑步）

3. 建立班级网站，要求每位同学必须在跑步当天上传公里数及完成时间，选出一名学生负责管理网站。

4. 每天每人写一篇长跑日记，确保一位同学将日记上传网站，日记上传情况由专人负责，将其他同学作品张贴在作文园地。

5. 公里数和日记上传情况，每周总结汇报，每月评选星级人物和最佳作品，由班长负责。

星级人物：跑步健将、耐力之神、毅力之王、不屈之星、助人之星。最佳作品：从写作内容和写作形式两方面综合考虑。要求：内容真实，积极向上，语言优美，及时上传。

（三）总结（2009 年 4 月 30 日）

从表现的三个层面总结反思：

1. 针对活动目标落实情况进行总结反思（做没做）。

2. 针对活动全过程的表现情况总结反思（做得好不好）。

3. 针对活动中学生具有高尚行为的事迹总结（做得突不突出）。

（四）活动效果

1. 体育老师的专业评价（体育课上的变化及测试结果）。

2. 中考体育成绩。

3. 家长对孩子情绪和态度的变化和表现的观察（问卷）。

根据我班学生现状，我把体育运动与语文教学相整合，寓运动于学习，在学习中提高思想认识，锤炼意志品德，使学生的心理与身体素养双双得到提升。

作为班主任，我希望学生能够有强健的体魄，有良好的身体状态。作为语文老师，我希望在一个真实的情境里，从其他学科的视角为我进行任务型表达和个性化表达教学"添砖加瓦"，用"语文+体育+历史+N"的综合实践活动丰富教学内容和教学素材。学生在这一过程中不仅对长征这一历史事件的行进路线、历史精神有基本的掌握，同时这些多维的学科信息都被我整合在语文学习的全过程中。针对阳光体育冬季长跑活动这一教学主题，我与学生在语文学科内部展开了多种活动，如记日记，写作倡议书等应用文，举办辩论赛、演讲比赛等。

◆ **学生作品**

北京市第八十中学阳光体育冬季长跑倡议书

同学们、老师们：

大家下午好。冬季——一年中最寒冷的时节慢慢到来了，面对着这汹涌的寒流，漫长的时光，我们只能坐以待毙吗？难道我们只能紧闭窗户，闷在室内无精打采、瑟瑟发抖吗？漫漫冬日，我们应该怎样去抵御严寒，去创造温暖呢？我想，在希腊奥林匹斯山的岩壁上雕刻的这样一句话或许可以给我们一些启示："如果你想保持健康，跑步吧！如果你想更加健美，跑步吧！如果你想变得睿智，跑步吧！"所以从即日起，初二年级全体364名同学将投入一项激情洋溢、热力四射的活动——冬季长跑。

长跑是一项风靡世界的运动，它被誉为"有氧代谢运动之王"。选择长跑就是选择了活力，选择了青春。

回首过去的14年，可能你会有这样的苦恼。

或许在体育课上，你望着班里的运动健将们在操场上驰骋，再看看自己身上烦人的赘肉，你是否感到阵阵心酸呢？既然如此，就快来长跑吧！一个人慢跑一分钟消耗约15千卡路里热量，而450克脂肪的热量为3500千卡路里。也就是说，如果每天慢跑30分钟，在饮食没有变化的情况下，一星期可减重1公斤。

或许在体检时，每当测肺活量，你看到班里的同学一个个器宇轩昂，肺活量检测仪都险些被吹爆，然而轮到自己，即便使出吃奶的劲，肺活量总也达不到标准。既然如此，就快来长跑吧！健身长跑可提高呼吸系统和心血管系统的机能，较长时间有节奏的深呼吸，能使人体吸进大量的氧气，继而呼吸肌变得发达，长此以往，肺活量会增加1—2升，据统计，坚持长跑的人的最大吸氧量可比普通人提高33%—60%。

当你全心投入背诵、抄写时，当你目不斜视地盯住密密麻麻的笔记、一本一本的作业时，你是否会感到心力交瘁，毫无斗志呢？既然如此，就快来跑步吧！长跑这项减压运动可以有效减少紧张激素的分泌，这种轻松愉快的运动能促使体内释放一种放松大脑皮层的激素，从而产生一种持续的快感和放松感，让你神清气爽，意气风发。

其实，冬季长跑带给我们的不仅仅是身体的锻炼，更为重要的甚至受益终身的，应该是对意志的磨炼。每天 1500 米的征程往往让人望而生畏，这个过程中，我们或多或少会遇到些许困难，比如娇嫩的脸蛋被寒风吹得通红，一次恼人的岔气导致难忍的腹痛，或许你还会遇到痛苦的生理反应"极点"。然而，这长跑不正像我们布满荆棘的人生旅程吗？正所谓"古之立大事者，不唯有旷世之才，亦必有坚韧不拔之志也"！坚强的意志和持之以恒的决心是我们日后开启成功之门的钥匙，想得到这把钥匙吗？那就快来跑步吧！让我们唤醒心中的激情，一同披荆斩棘，厉兵秣马，淋漓尽致地跑步吧！

在多维视角切入策略中，比较容易出现的问题是忽视语文的本体价值。这需要教师时刻牢记自己的教学目的，清楚由多维视角切入的多维教学内容能够为自己达成语文教学目标增添怎样的色彩。

比较阅读研究策略

比较阅读研究策略指将两种或多种学习材料进行对照、分析的阅读方法和学习方法，这些阅读材料在内容和形式上有某种联系，也有某种差异。学习者在进行比较阅读的过程中需要探究学习材料的同质性和差异性，并且要进行学术探讨。可以说比较阅读研究策略是一种综合性的阅读研究活动。《普通高中语文课程标准（2017 年版）》在教学建议部分明确："要加强课程实施的整合，通过比较阅读等方式，实现知识与能力，过程与方法，情感、态度与价值观的整合，整体提升学生的语文素养。"课程标准已经非常明确地提出比较阅读的教学方式有助于综合提升学生的语文素养。首先，将比较阅读作为语文教学的教学内容，扩充了原本单一的文段或文本，让学生有更多的角度去实现各方面语文素质的提升。其次，比较阅读可以增强学生的批判精神和批判能力，让他们在同质性中寻找差异，在差异中提取相同点，这对于他们的信息提取能力、解释推断能力、信息输出能力等都至关重要。同时，就是与学生共同挖掘同质性和差异性背后的深层原因，也有助于学生思维层级的跃升。再次，比较阅读研究策略体现了建构式对话教学的主要特质。这种策略实现了学生和教师之间的对话，教师与学生共同选择教学材料，或者教师根据学生的学习基础进行比较阅读材料的选择。学习者对材料和文本进行感知、阅读和比较研究，而不是靠教师的单向传授，这极大地突出了学习者的主体性。对话也体现在学生和文本、作家之间的对话。学习者要想对比较的文本有深入的探究，就势必要对文本进行深入阅读，在这一过程中学生实现了与文本、与作家的对话。

很多新手语文教师有时会为了扩充自己的教学内容，刻意使用比较阅读研究策略，这样无法达成学生思维更高层次的提升。因此，选择这种策略的时候，我们一定要明确和了解比较阅读和比较研究的意义。这种选择策略的本质是通过联系和发现差异，塑造一种立体的课堂氛围和学习环境。目的是实现学生的有效学习，实现教师的有效教学。同时，在上文中，我们已经多次提及比较阅读或学习任务群的学习方式和教学方式可以突破听讲—被动感知—接受答案的学习过程。在比较学习中增强对文本的体会，形成自己独特的感悟，这样的语文课堂更加民主和自由，学生的主体性也得到了最大限度的尊重。使用这一策略的目的是丰富学生的阅读体验，扩大学生的阅读思维，学生通过不断横向、纵向比较，阅读和分析，思维会得到进一步提升。

当我们谈到具体的内容选择方案的时候，可以将课程、教材的内部资源与外部资源进行合理比较。同时，考虑到语文教师平时要完成固定的教学任务的现实情况，我们可以将语文教材内部的资源进行比较阅读和比较研究。在众多语文教材的资源中，我们可以使用同中求异的比较方法，可以将同一作者的不同作品进行比较，或者将同一主题下的不同作品进行比较。只要是这些作品有一定的同质性就可以进行比较研究，比如，作家都是女性作家，都属于伤痕文学，或者都表达了同一种隐含的情感，我们都可以把这些文本当作教学内容进行教学，在具有同质性的文章中寻求差异性抑或建构差异。同样，我们也可以采用异中求同比较法进行课堂教学内容的选择和建构。比如，某一位作家创作了风格迥异的作品，但是这些差异之间一定隐含了一条主要的线索，我们可以引导学生辩证地认识这些差异，寻找隐含线索的深层内涵，培养学生的辩证思维。

我带领学生对《小狗包弟》《老王》做了比较阅读，教学内容的选择，是在比较阅读框架下，做出的大胆的突破，力图冲破单篇阅读的格局，建立比较阅读的内容和课堂观，将初中、高中两篇文章放在一起进行比较，尝试将初高中内容打通，进行拓展思考。教师给学生提供了广泛的阅读资源和拓展的线索。最为重要的是，在这种课堂教学内容的背景下，教师和学生以文本为中心进行有效沟通，达到情感共鸣，共同建构两篇文章的相同点与不同点，围绕学生纠结的地方展开讨论交流，由浅入深，像剥竹笋一样，一层层引导学生分析梳理，从"为什么愧疚"到"愧疚什么"进行深入研究，直至"情怀"的升华。在这样的课堂上，学生有话可说，表现较为充分。越到最后孩子越兴奋，甚至给人一种意犹未尽、余味未了的感觉。教学的目的不止于让学生读懂了两篇文章、两位作家，更在于激发学生的阅读兴趣，促进学生的阅读思考。

细节拓展策略

教育于细节，渗透于无形，语文教育更应该在无数的细节中与学生共同建构起思维的发展。课堂教学整个环节和过程中会生发出很多细微的小事儿，这些小事儿的背后代表着学生真实的阅读体验、阅读感受和阅读困难，因此，语文教师要善于捕捉这些细节，并善于将这些细节纳入自己的教学内容中，对其进行扩展和延伸，解决学生真正的问题。当教师发现学生在课堂中对某些细节非常感兴趣，并且这些细节可以作为典型内容，可以带领学生对某一学习任务或某一学习问题进行深入探讨时，我们就可以临时将这一细节建构在我们的教学内容选择中，与学生一起深入挖掘和探讨这个细节。诗歌一直被认为是最能够代表作家情感的一种文体。在进行诗歌教学的过程中，语文教师发现学生在朗读时音调和语调有变化，就马上进行了扩展，与同学们共同建构起对于诗人情感的认知。

师：今天我们一同学习舒婷的《祖国啊，我亲爱的祖国》。以前我们也学过诗歌，你们觉得学习诗歌的重要方法是什么呢？

生（齐）：朗读！

师：现在就让我们打开书，以你喜欢的方式朗读这首诗吧！

（生自由朗读）

师：同学们基本上已经读完一遍了。同学们在朗读的过程中有没有发现这首诗中反复出现的一句话？

生（齐）：祖国啊！

师：我不禁想问，出现了四次的"祖国啊"读法是一样的吗？请同学们先试着读一读。

（生自由试读）

师：读完了之后，你感觉这四次读法一样吗？

生（齐）：不一样。

师：我们一节一节地看一下，先来看第一节，我找个同学读。你打算怎样来读这一节，我们重点来听"祖国啊"。谁来给大家读一下？好，生1来读一下。

（生1读第一段）

师：好，请坐。这位同学读得怎么样？

生2：我觉得"祖国啊"声调应该再低一些。

师：你给我们读一下。

（生2朗读）

师：这位同学读的声调低不低？

生（齐）：低。

师：那同学们觉得这句话读得高点好还是低点好？

生：低点好。

师：大家都特别赞同你的这种读法，那你来说一说你为什么觉得这句话要读得比较低沉？

生：我觉得跟这首诗的感情有关。感情是比较消极的。

（学生中间有人发出"嗯?"的声音）

师：下面的同学有人发出"嗯?"的声音。你从哪看出消极了?

生2：纺着疲惫的歌和熏黑的矿灯。

师：疲惫、熏黑这些词是不是表示消极? 同学们有没有不同的理解?

生3：疲惫的歌、熏黑的矿灯、干瘪的稻穗与淤滩上的驳船、破旧的老水车写出的是祖国以前的贫穷。

师：你怎么看出来贫穷?

生3：从干瘪的稻穗、失修的路基看出来的。稻穗应该是很饱满的，因为土地贫瘠，所以稻穗干瘪。没有钱，没有材料去修路，所以路基是失修的，说明当时经济不发达。

师：经济不但不发达，而且可以说是落后。经济是衰落的。我们请其他同学继续说。

生4：我从失修的路基、干瘪的稻穗读出了荒凉的感觉。

师：这一点刚才同学已经说过了，你能不能从其他的语句入手分析一下?

生5：淤滩上的驳船体现了贫困。

师：同学们知道什么是驳船吗?

生（齐）：不知道。

师：驳船确实离我们现在的生活比较远了。驳船是没有动力装置的船，只能靠外力的牵引才能前行。本来驳船就没有动力装置，还搁浅了，再让船启动就更加困难了。作者是怎么说让它动起来困难的?

生6：纤绳深深勒进你的肩膊，"深深勒进"，说明要让船动起来非常艰难，非常不容易。

师：其他同学看到了什么样的画面?

生7：悲凉的画面，歌和矿灯单独来看是很美好的事物，而在这一节诗里，疲惫的歌和熏黑的矿灯给人的感觉是悲哀的。

师：为什么是熏黑的矿灯?

生7：特别老旧，上面已经布满了煤灰。

师：疲惫的歌是从哪儿来的？

生7：应该是水车发出的声音，疲惫的意思是，老水车已经转不动了，已经拖不动水了，破旧了，说明水车用的时间太长了。

师：作者在第一节使用了一组意象，破旧的老水车，疲惫的歌，熏黑的矿灯，干瘪的稻穗，失修的路基，淤滩上的驳船，表现了祖国长期处于贫穷落后的状态。所以，语调要低沉些，情感是悲痛的，深沉的。

教师抓住了学生语调的变化，由此与学生建构出对重点意象认识，再进一步引发这一段诗歌中诗人所表达的情感，层层深入。

除了学生课堂表现的细节，教师也可以对文本内容的细节进行扩展。在教学《香菱学诗》一课时，教师预设的最后一个教学任务是与学生共同探索"香菱为什么想要学诗"，由小组合作学习的方式进行探讨。在学习成果展示的过程中，一位学生认为香菱学写诗是为了自我提升。这个视角非常新颖，教师抓住了这一独特的、新颖的回答并对其进行扩充，和其他学生共同建构答案，并且教师自己也参与其中，使这一回答更具立体性和深刻性。

师：好，问题说到这里就非常有意思了，老师给大家讨论时间，按照学习小组思考讨论：香菱为什么想要学诗呢？

（学生讨论，教师随机指导）

师：哪个小组先跟大家分享一下？

生1：老师，我觉得香菱学诗是为了寻找心灵的寄托。因为香菱三岁被拐卖，之后遭遇挫折，她的心灵是有创伤的。我们从第1自然段中的"常"字可以看出香菱经常找黛玉学习诗歌，也可以看出她希望通过诗歌寻求心灵的慰藉。

生2：除了寻找心灵上的寄托之外，她还喜欢诗歌，她觉得诗歌是非常美好的，所以才会找黛玉学习诗歌。任何人喜欢一个东西都会非常看重、在意，所以香菱应该是非常喜欢诗的。

生3：第2段最后两句，因为从小被人贩子拐卖，所以香菱经历了很多坎坷，那学诗的内容有可能会引发她对自己经历的思考，是一种精神的寄托。

生4：从最后一首诗歌中，我发现香菱学诗是为了弥补自己内心的空虚和寂寞。

生5：我觉得香菱学诗就是出于对诗歌的热爱。香菱的很多行为包括写诗改诗，都是源于香菱对诗歌的热爱。

师：刚刚在听大家回答的时候，老师进行了简单的总结，除了喜爱、心灵的寄托，还有同学说香菱是为了提升自己，我们请同学给大家分享一下理由。

生5：香菱从小被拐卖，没有时间学习，进入大观园之后，她跟黛玉、宝钗都是非常好的朋友，看着宝钗和黛玉满腹经纶，自己也非常羡慕，所以也想着提升自己。

师：好的，哪位同学再给她补充一下理由？

生6：老师，我觉得香菱从小被拐，没有经过系统学习，她可能觉得自己跟大观园里的小姐、姑娘们没有共同语言，不能融入这个圈子。

师：好的，同学们，这里老师补充一下，我们一起来看宝玉说的一句话，在第176页第3行，宝玉说："这正是'地灵人杰'，老天生人再不虚赋情性的。我们成日叹说可惜这么个人竟俗了，谁知到底有今日。可见天地至公。"这个"俗了"和"天地至公"，怎么理解？

生7：香菱作为《红楼梦》中的女性角色，原本她的容貌、才华和气质应该不比大观园中的小姐差，本应该是一位非常优秀的女性，但她身世悲惨，身份较低，所以她希望通过作诗能让大家认识到一个全新的自己，不单单是丫鬟。

师：这位同学看书看得很细致，非常好！

师：老师简单补充一下，在第七回，香菱正式出场，一个丫鬟骨子里透着高贵，宝玉说这样一个人竟"俗了"，但是通过学诗增加了情趣，可见"天地至公"。我们说并不是所有的人对这个问题都有着深刻的理解，但是同学们确实有自己的想法，这一点非常可贵。

（PPT 呈现）

脂砚斋有精辟的分析："细想香菱之为人也，根基不让迎探，容貌不让凤秦，端雅不让纨钗，风流不让湘黛，贤惠不让袭平，所惜者幼年罹祸，命运乖蹇，致为侧室……"

师：大家思考一下，作者曹雪芹给香菱设定这样一个学写诗的环节是不是一个小插曲呢？其实不是，作者有意识地增加一个环节，实际上是想让香菱增加内在的气质，让美得不能再美的人更美。可结果怎么样呢？太悲惨了！大家现在看第七回的叹词中有这样一句话，就暗示了这个人物的悲哀。

（PPT 呈现）

叹　香　菱

根并荷花一茎香，平生遭际实堪伤。

自从两地生孤木，致使香魂返故乡。

师：现在我们再来思考作者曹雪芹把这个人物写得这么美，但是最后这个人物如此悲惨，让人心生可惜。鲁迅先生曾经说把最美的东西撕碎给别人看，这就是悲剧，所以香菱带给大家的就是一种遗憾。香菱学诗的理由，刚刚有同学总结为喜欢、心灵的寄托等，老师觉得想改变地位的说法还值得商榷。《红楼梦》是女子的赞歌，也是女子的悲歌。在这里，《红楼梦》中无论女子的地位显赫还是悲惨，她们的结局都无法摆脱死亡。所以香菱的结局是无法摆脱自己悲惨的命运，无法摆脱死亡。香菱会死，生活在那个时代的所有人都会死，所以那是一个悲剧的时代，悲剧的社会。

师：我们的课上到这里，有两点需要大家注意，一是学会分析人物形象，学会感受、欣赏人物，还有一个问题大家课下可以继续探讨：为什么宝钗不能当香菱的老师？大家研读完薛宝钗之后，这个答案就呼之欲出了。

在传统的语文课堂中，当学生作答后，教师一般会直接把"标准答案"告诉学生，对于课堂上学生产生的新视角、新回答没有给予过多关注。但是这些细节背后恰恰隐含着学生对于文本的不同认识，作为教师，我们要善于抓住细节，带领学生呈现他们的观点与证据。

语文教学内容的选择十分重要，它为语文教师与学生共同建构语文教学活动提供了广阔空间和无限可能。教师在进行语文教学内容的建构和选择时，要时刻站在与学生平等对话的位置上，时刻生成新的、有价值的教学内容。对于语文课程内部以及外部的资源要灵活选择使用，善于发现学生学习的各种细节，将其纳入自己的语文课堂教学内容中。

教学方法建构策略

抛锚+支架式策略

"抛锚"原意指投锚于水中使船或其他水上浮动工具泊定，或指汽车、飞机等发生故障而停止行驶。抛锚主义又称作结构主义，其心理学基础是瑞士心理学家皮亚杰的"儿童认知发展学说"，即在与环境相互作用的过程中，儿童自主建构对世界的认识，并促使自身发展。儿童与外界之间的作用包括同化与顺应两个过程，通过这两种形式达成与周围环境的平衡。儿童认知结构便在"平衡—不平衡—平衡"的循环中得到提高与发展，这就是皮亚杰关于抛锚主义的观点。除此之外，布鲁纳认为学习不是被动的知识接受，而是主动的信息加工，教育为学生提供了一个储存信息的内部系统，学生通过对知识的获得、转换和评价，最终完成对知识有意义的建构。这也是抛锚主义的基本观点之一。[①] 因此，如果将抛锚主义放在教育教学领域，指的是教师对学生学习的适当"抛锚"，将学生从传统的师生关系中解放出来，给予其更广阔的空间，使其主动建构和主动学习。根据抛锚式教学的基本理论和基本原理，教师应该明确，抛出去的"锚"是经过精心设计的，这个"锚"应该符合学生已有的学习经验或者是认知经验，帮助学生利用旧的经验，与新的知识之间建立联系，以此实现对新知识和新意义的建构。同时，"锚"抛出去之后，教师并非弃之不理，而应该时刻把控发展情况，我们要做的是帮助学生建构新的学习经验和认知经验，而不是简单地给他们一个学习主题，

---

① 吴玉平. 中小学抛锚式教学问题探讨 [D]. 杭州：杭州师范大学，2015.

完全让他们自己去发挥，这样的语文教学失去了节奏，毫无规律可循，造成了语文课堂的混乱，自然也就无法实现学生不同层级语文能力的养成。也有一些语文教师对抛锚式教学方法本质的理解不清晰。我们希望语文课堂和语文学习时刻充满着活力，更希望学生在学习和建构的过程中充分实现其主体性价值，但是这并不意味着我们可以忽视语文学科的本体价值、课程意义、认知规律等基本要素。抛锚式教学要注重将情境资源融入其中，尤其要注意学生与情境之间的良性互动。真实可感的语文学习情境是学生进行知识、能力建构的必要条件，因为即使语文教师设计出一个非常适合的"锚"，即根据一定的学习任务和学习目标，设计出语文课堂学习的主问题和主任务，但如果没有真实的语文学习情境作为过程性支撑，学生在学习和建构过程中，无法获取更高的学习动机和必要的学习材料，那么就会使我们抛出去的"锚"石沉大海。

因此，我们在设置与选择"锚"的时候必须做到松中有紧，时刻牢记自己设定的弹性目标，并且要时刻把控学生的学习进展，而不应盲目地胡乱取舍教学任务。同时，在设计之前要思考应该为学生提供怎样的语文学习情境，时刻为他们实现主动语文学习保驾护航。语文教师应该构建动态的抛锚式教学场域。抛锚式教学理念深受建构主义理念的影响，强调生成性、探究性与动态性。作为语文教师，应该时刻把握以问题为导向，鼓励学生根据主问题或者主任务进行探究。主问题的合理性就决定了语文教学主任务的可探究性。在这个过程中，语文教师也要兼顾主任务的可完成性，兼顾教学时间、教学场地等多方面因素。

在抛锚式教学过程中，学生会难以避免地出现一些方向上或者层级上的问题，这时候语文教师就要善于抓住一些契机，给予他们一些学习的脚手架，也就是建构主义理论中一个非常重要的教学模式——支架式教学。支架式教学，顾名思义，指教师在学生现有水平上有效地搭建脚手架让学生自主攀升，从而达到教学目标。这种教学方法体现了新课改提出的"学生是课堂的主人"的教学理念，更符合学生自主建构知识的学习观和学生带着已有的经验进行学习的教学观。^① 我根据对已有文献的梳理和分析，将学习支架分成固定支架和活动支架。其中，固定支架包括方向型支架、情境型支架、任务型支架；活动支架包括资源型支架、合作型支架、评价型支架。同时，我结合语文学科的特点和自身语文教育教学的实践经验，对上述六种支架教学形式进行了界定和梳理。同时，需要注意的是，在具体实践中，我们要善于将抛锚式教学与支架式教学融合使用。

（1）方向型支架

方向型支架指为使学生明确和保持学习方向提供必要的指导。主要包含三个方面，一是语文学科的性质与目的，指语文学科知识区别于其他学科的本质性特征、习得语文学科知识的目的以及学习语文的信念；二是语文学科的功能与价值，指语文学科知识在促进认知发展上的功能以及对学科发展和社会进步的作用。三是要帮助他们明确语文学习的主要内容、主要方法和主要思路，给学生一个对于语文学科整体认知的支架。我们在学习八年级第二单元之后，我与学生共同复盘课程，学生以小组合作探究的方式，对授课过程进行了复盘，包含教学内容、教学方法、教学评价等各个维度。

教师基于学生熟悉的语文学习经验，选择了学生小组合作探究的方式对已往课程进行学习复盘。方向性支架有助于学习者对教学内容、教学方式和教学流程进行反思，进而反思自我建构式学习的过程，这对学生进行后续的深度学习有启示作用。

（2）情境型支架

情境型支架，顾名思义，即为学生提供的可建构、可学习的语文学习情境支持。情境支架第一要义就是真实，学生只有在真实可感的语文学习情境中，才会有学习、使用语言及其他语文知识技能的动机。同时，情境型支架能够为学生提供可建构多种语文能力的平台和契机，具有开放性。

八年级（下）第六单元综合学习部分恰好设计了一个语文实践活动——

① 林娟. 支架式教学模式的构建与应用：基于中学化学选修模块的实践［D］. 漳州：闽南师范大学，2015.

"背起行囊走四方"，自20世纪90年代以来，旅游业迅猛发展，被称为21世纪的朝阳产业和绿色环保产业。对中学生进行这样的综合实践教育活动，有助于他们更深刻地了解社会产业特点及现代人的生活方式，为终身职业选择创造了一个亲身体验的平台，同时通过这项活动培养学生的语文学习能力。在传统语文课堂中，这一次的实践活动或许会被忽视，抑或是教师只带领学生以主题为线索阅读一些游记。为了突破原有课堂教学中的情境逼仄的局面，我在课堂上与学生共同建构、模拟出"漫游神州大地"的情境，所有的语文活动都在这个情境中完成和实现。下文将展示"神州漫游"主题活动的设计方案和部分学生汇报成果。

◆ 活动方案

活动名称：神州漫游

活动主题：语文教学长期以来按照我们已经习惯的方式进行着，以讲代学现象非常严重，这节课主要尝试改变学习方式，充分发挥学生的主体作用，培养学生自主学习能力。学生通过自己的方式获取信息，整合信息，最终将这些信息转化为书面语言——解说词。学生以导游的身份，整堂课都以虚拟课堂方式学习，学生分别承担介绍景点和家乡特点的任务。因此，本节课重点学习写解说词和用口语介绍家乡。

活动目的：

1. 通过实地旅游，看电视旅游节目、旅游杂志、地理图册，上网等途径培养学生搜集、筛选、整合信息的能力。

2. 了解出行交通路线、当地名胜古迹、风物特产、民俗风情等，写一篇导游词。

3. 以活动为载体培养学生的语言能力、口头表达能力及良好的心理素质。

4. 在活动中培养学生团结合作、自主学习的能力。

5. 通过活动培养学生制作课件的能力及审美能力。

活动过程：

（一）前期准备工作（一个月）

1. 确定课题。

2. 组成小组，成立旅行社，并为之命名。

3. 确定旅游路线，选出导游若干名。

4. 选出主持人一名。

5. 选出总导演一名。

6. 选出电脑组组员若干名。

7. 各旅行社成员通过不同的方式、途径查找、搜集相关文字、图片、视频等资料。

8. 专题讲座——如何写好导游解说词。

9. 各旅行社导游写出所介绍景点的导游词，主持人写串词，反复斟酌。（两周）

10. 各组成员之间整合加工。（一周）

（二）活动汇报

语文综合实践活动课以旅游为主题，学生模拟旅游过程，向同学展示，下列旅游组依次模拟汇报。

1. 新月旅行社

线路：敦煌莫高窟—新疆—西藏民族风情

2. 古都传奇旅行社

线路：西安—洛阳—北京

3. 骈进轩旅行社

线路：九寨沟—石林—桂林

4. 航海时代旅行社

线路：香港—澳门—深圳—珠海—广州

[活动过程]（因篇幅有限，只呈现其中一个小组的部分学习成果）

（投影）甘肃省主页

（投影）敦煌莫高窟

导游：大家好！我是新月旅行社的导游，今天，我带领大家来到敦煌莫高窟游览，希望你们能喜欢我。莫高窟是中国第一大石窟，俗称千佛洞，位于敦煌市东南25公里鸣沙山东麓的崖壁上，南北长约有1600米。莫高窟一词有两种含义。一说建造佛洞是俗家弟子最高的修行了，"莫"是"不可能""没有"的意思，莫高窟就是没有人的修为比建造者更高的意思。二说赞美莫高窟水平极高，没有比它水平更高的石窟了。现在我们便来到了莫高窟的面前。刚才一路上都是戈壁荒漠，莫高窟周围反而绿树成荫。经过一个大牌坊，左边便是一个飞天雕像，敦煌飞天是敦煌莫高窟的名片，是敦煌艺术的标志。只要看到优美的飞天，人们就会想到敦煌莫高窟艺术。敦煌莫高窟492个洞窟中，洞窟壁画有飞天总计4500余身。在现存的洞窟中有壁画45000多平方米，塑像2400余身，最大塑像高30多米，最大壁画约50平方米。其数量之多，可以说是中国乃至全世界保存飞天最多的石窟。

现在大家位于第392窟，请大家向上看，这便是莲花飞天藻井图。藻井是洞窟顶部天井的一种装饰，纹样富于变化，对比强烈，整个画面光彩夺目，富丽典雅，颜色异常鲜艳。在整个莫高窟中能与莲花藻井图媲美的就是第407窟的隋朝三兔莲花纹藻井图案。有的洞窟就连地上的土砖也刻有莲花图案，整个洞窟就像一个佛堂。

敦煌莫高窟历经北凉、北魏、西魏、北周、隋、唐、五代、宋、西夏、元、明、清等朝代，20世纪初洞窟中的藏经洞被一个名叫王圆箓的道士发现后，自此撕开了敦煌百年的伤痛史，俄国人、英国人、日本人、法国人和美国人都曾到过这里盗取佛经，真是中华之耻辱。

在敦煌莫高窟中，我们欣赏到了美妙绝伦的洞窟，也见证了那一段不可磨灭的屈辱史。那么，就请大家记住这个历尽沧桑的敦煌莫高窟吧！

上述案例虽然只展示了一个学习探究小组的部分学习成果，但是我们可以看到学生材料准备的充分性以及呈现学习成果的多样性。在准备这次探究活动的过程中，我与家长们沟通，很多家长表示："孩子一回家就钻进屋里，手机游戏也不玩了，一查资料就查到很晚。""那天回家孩子非要做一次导游，让我们提提意见，说怕给小组同学拖后腿。她给我们讲了很多有关洛阳和牡丹的故事。说实话，我们夫妻两个学历也不低，但是还真没有听说过这些历史和文化。而且她把这些故事讲得特有意思，还跟着视频学了一些河南话，真的让我们很震惊也很惊喜。最后我们给她提了一些语言表达方面的建议，建议把语言再简练一些。"

很多教师苦于没有丰富的教学情境来设计教学活动，这部分教师可以通过与学生共同建构丰富真实的情境去完成教学工作。学生在相对真实的情境中更能主动找寻相关资料。

任务型支架

任务型支架指的并不是教师抛给学生的主任务，而是教师通过对学习内容的分析与加工，帮助学生明确和分解学习目标，从而使学生获得不同层次的具体学习任务，并深入理解学习任务，从而逐渐形成解决任务的思路。在这个过程中，教师可以利用多种灵活的方式帮助学生对主任务进行分层理解和逐层掌控，将建构的教学目标和教学任务分解成多个小任务和小目标。教师可以用案例演示的方法，教会学生分解主任务、解决主任务的办法，也可以用与学生共同建构导学案的方法，还可以用画图示、表格等直观的方法为学生完成学习任务搭建支架。诗歌被认为是最能够体现作者个人情感的文学体裁，教师不能用自己的阅读经验阻断学生和诗歌的情感链接，忽视每个学习个体独特的情感生成和建构。那么，如何对诗歌的情感进行把握，又如何对诗歌的意象和艺术特色进行分析呢？这时候教师可以用自己分解任务的范例带学生一起完成主任务。

在进行《祖国啊，我亲爱的祖国》诗歌教学的过程中，我先让学生初读，对诗歌的整体情感基调有初步的感受。随后，在师生朗读的过程中，遇到相似的意象，就通过朗读的各种知识对意象背后的深层内涵和情感做出判断，这一步叫作"意象深读法"。然后，通过在课堂上反复朗读，以及对朗读语调、音量、情感等多方面的完善，我用"朗读脚本创作法"引导学生从文学评论的角度对朗读者做出相应的指导和提示。学生要想完成这一信息的输出，就必然要对诗歌的主要意象、诗人的情感以及诗歌创作的艺术手段进行细致入微的学习。教师再提供相应的资料支持，通过对某几句诗歌或某一节诗歌的教学，撬动了学生对诗歌的学习。最后，写完朗读脚本之后，我会邀请其他学生根据脚本重新朗读，我将这一步命名为"实践检验法"。这一步是整个课堂学习的高潮部分。首先，学生的朗读脚本可以被其他同学朗读，其他学生也可以对朗读者提出建议，这无疑创设了学习者之间的相互评价，对学生创作朗读脚本也是反向的推动。其次，学生初次朗读是建立在自己的阅读经验和生活经验以及个人感受的基础上的，但是通过对他人阅读脚本的朗读，他们对于文本的体验和感受就融进了其他人的感受。这时候，同学就成了学习者的"重要他人"，他们的感受丰富和改变了诗歌文本的意义，彰显了团队学习的巨大效果和价值。在传统课堂中，教师或许会将自己的阅读感受和教学资料上的参考答案直接告诉学生，那么他们对于某一篇诗歌文本的情感理解和认知只能停留在记忆方面，永远不会跟他的朋友一起去建构属于自己的独特化体验和个性认知。教师总是发愁我要讲点什么，这就造成了教师"满堂灌"的状况，但是在建构式对话教学理念指导下的语文课堂，教师也在某些时候成了学生的朋友，教师的朗读和理解也成了外部的、可供参考的意见。

师：我们看第二节，"祖国啊"，怎么读？大家读一下。

（生1读第二节）

师：他这个"祖国啊"读得怎么样？

生2：读得悲凉。

师：读得悲凉对不对？好不好？

生2：不太合适。

师：那你觉得读成什么样合适？

生2：应该有一点生机。

师：为什么？

生2：因为"'飞天'袖间千百年未落到地面的花朵"，其中"飞天"和"花朵"，给人的感觉是充满希望的。

师：你知道飞天是什么吗？

生2：飞天我想可能是东方红号，就是火箭一类的东西。

师（惊讶地笑）：看来飞天对于大家来说是一个难点，老师给大家补充了一个有关飞天的资料，飞天是佛教壁画或石刻中在天空飞舞的神。宋代《太平御览》中说："飞行云中，神化轻举，以为天仙亦云飞仙。"飞天就是飞仙，就是神仙。刚才这个同学的感觉特别好，他觉得飞天和花朵好像要读得有一点不一样，那通过刚才老师提供的资料，你有什么新的理解呢？

生3："飞天"袖间千百年未落到地面的花朵，神仙袖间的花儿，落了好几百年都没有落到地面，有一种期待。

师：还有什么？

生3：惋惜，失落。

是：为什么又失落了呢？

生3：千百年来未落到地面，让我们等得太久了。

师：所以我们在读这一节诗的时候，应该用什么样的语调？什么样的情感？

生3：语调缓慢一些，缓慢中有一点渴望。

师：我们应该用什么样的情感去读呢？

生3：悲哀中有一点点希望。

师：虽然这一节中的"祖国啊"跟第一节中的"祖国啊"很像，都表达一种痛苦的情感，语调比较舒缓，但是有一点不一样，那就是要读出一点点期待，一点点希望。好，我们看第三节，"祖国啊"怎么读？谁来给大家读一下？

（生3读）

师：你们听他读的"祖国啊"，怎么样？

生4：有点激动了。

师：这样读行不行？

生4：可以，因为"祖国啊"之前是"我是绯红的黎明正在喷薄"一句，喷薄这个词，是一个特别有带动感的词，带动自己的情感，让自己的情感也喷薄出来。

师：老师特别喜欢他用的这个词——带动感，就是特别有感染力，把我们都带进去了。这一节还写什么了？

生4："簇新的理想""古莲的胚芽""挂着眼泪的笑涡""雪白的起跑线"，这些景物跟诗歌前面提到的景物给我们的感觉一样不一样？

生4：不一样，这些景物带给我们希望。"起跑线"，说明马上要开始奔跑了。

师：运动员蓄势待发了，这让你感觉到什么？

生4：祖国有希望了。

师：我们看还有"簇新的理想""挂着眼泪的笑涡"到底是哭还是笑？为什么笑了还挂着眼泪？

生4：因为有希望了，刚经历了过去的苦难生活，现在终于迎来了希望，好像痛苦的眼泪还没有擦干，幸福就降临了，所以这一节的"祖国啊"要读出欣喜的感情和高昂的语调。我们再来看第四节怎么读，谁给大家读一下？

（生5读第四节）

师：读得怎么样？

生6：读得一般。

师：为什么读得一般？

生6：没有读出自豪和沸腾。

师：那我们应该怎么读？语调应该是什么样的？情感应该是什么样的？

生6：语调是高昂的，情感应该达到了顶点，最激动。

师：这个最难，谁能把这种情感读出来？要读出这种高昂的语调，最激动，谁能读？

（生7读，掌声响起）

师：已经很好了，情绪已经到了，但后面的"祖国啊"，还可以更高昂。

师（边板书边总结）：这四句诗读的都不一样。我们回顾一下四节诗的情绪发展，由开始的深沉到痛苦中有希望，到欣喜，到最后的亢奋，这是逐渐加深的过程，每个阶段无不体现着诗人对祖国的爱，不仅爱她充满希望的未来，也爱她苦难的历史。正如诗人艾青所说，"为什么我的眼里常含泪水，因为我对这土地爱得深沉"。同学们刚才读了那么多，也激发了老师朗读的热情，现在老师也想为大家朗读一下。我们互相切磋，共同进步。

（教师配乐范读）

（生掌声热烈）

师：同学们的掌声是对老师最好的肯定和鼓励。那么我很想跟同学们分享交流一下我的朗读心得。为了读好这首诗，我可是做了充分的准备的，这次我专门为自己写了一个朗读脚本：从感情基调、朗读的语速、语调、语气、节奏等方面对文章某个片段进行了朗读设计。朗读设计帮我再次理解了诗歌的意象，从而更深刻地体悟了这首诗的情感。请看大屏幕，这是第一节的朗读脚本。

（多媒体课件展示"朗读脚本"，教师讲解）

这一节的感情是沉郁、凝重的，用深沉的语调和舒缓的节奏，方能传达出诗人对祖国灾难历史和严峻现实的哀痛。正如刚才同学们体会到的，"老水车"等一系列意象展现了祖国数百年来的贫困落后，"破旧"等修饰词语显示出祖国在苦难中顽强挣扎，缓慢前行，朗读时要用低沉的重音来突出它们的含义。尤其是"深深"后面的停顿和"勒"字的重读处理更能体现与祖国生死相依、血肉相连的情感。

师：请同学们小组合作，从另外三节中选择喜欢的一节，创作一个朗读脚本，并在脚本的指导下练习朗读，朗读的形式也可以多种多样。看哪一个创作小组脚本写得好，朗读得好。开始创作吧！

（学生分组活动，写脚本、练朗读，教师巡回指导）

生8：这一节的感情同第一节一样凝重，应用深沉的语调和比较舒缓的节奏，以表达诗人对祖国那段屈辱而沉重的历史的哀伤与痛楚。"贫穷……""悲哀……"这两句应低缓，传达出诗人对祖国灾难历史的哀痛。从"痛苦的希望……"一句中不难看出，中国人民对祖国美好幸福的未来有着太多的憧憬。可希望却又那样渺茫，就像是"千百年未落到地面的花朵"那样，想要让祖国富强的愿望千百年都未曾实现，这真是"痛苦的希望啊"。"'飞天'袖间"和"千百年间"要停顿。"千百年""痛苦""希望"应重读，说明虽然路途遥远，但人们心中对祖国幸福未来的希望从未消失，因此，还应再读出一丝对祖国富强的憧憬。尤其是"希望啊"和后一句中的"花朵"应用颤音来朗读，更能体现出与祖国生死相依的情感。最后一句"祖国啊！"应让人觉得有压抑感，语调下抑，而不能上扬。

师：分析得非常好，既分析了重点意象还理解了作者的情感，也强调了重音、停顿等方面。请你们组来展示一下。（小组展示）

生9：第三节写得充满希望，写出了祖国在腾飞，在不断进步。所以我认为应以一种充满希望、活力、热烈的感情去朗读。"簇新""挣脱"等词写出祖国正在发展，在摆脱旧思想的束缚，走向改革开放，所以要用讲的语调朗读。而"黎明"应该重读，因为它代表了祖国将迎来崭新的篇章，"绯红的黎明"后应停顿，但是思维仍要继续，想象着祖国即将腾飞，而"正在喷薄"应重读，给人以无限的热情之感，而最后的"祖国啊！"也应读得充满活力，慷慨激昂。（小组展示）

师：绯红的黎明读得特别好，反复诵读，每次增加一人，给人以红日喷薄欲出的感觉。

生：第四节的感情激昂、亢奋，要用富有激情的语调传达出诗人愿意献身祖国建设，为祖国的富强贡献自己力量的雄心壮志。后面的两组排比句要读出对比，欲扬先抑，并且还要突出层次，"迷惘""深思""沸腾"等词语读起来要有排比的气势，声音应从低到高逐渐起伏变化。"那就从我的……你的自由"这句应体现渴望为祖国奉献自己的情感，音调应高亢一些。（小

组展示)

师：这组采用了非常新颖的轮读方式，反复吟诵"你的富饶、你的荣光、你的自由"，似乎誓言不息。

师：面对灾难深重又获得新生的祖国，诗人舒婷自然会为祖国的不幸而深深地忧虑，又对祖国的未来充满信心，并产生为祖国献身的强烈历史责任感。本诗就是表达诗人这种心声的动人乐章。爱祖国、颂祖国既是文学作品的永恒主题，更是民族振兴的精彩传唱。最后，老师提议，让我们面对国旗，再次发出我们心底最深情的呼唤吧———

（全班一起大声朗读课题）：祖国啊，我亲爱的祖国！

师（布置作业）：阅读舒婷的诗歌《致橡树》，分析诗中的意象及作者的情感，完成一篇不少于 300 字的短文。

语文教师从朗读角度出发，通过"以读初感法""意象深读法""朗读脚本创作法""实践检验法"把对《祖国啊，我亲爱的祖国》的理解拆分成了几个小的目标和任务。而且，教师始终站在与学生平等对话、共同生成的位置上，在适当的时候提供一些引导和支持。当然，拆分的方式多种多样，教师可以根据不同的授课内容进行选择和尝试。这个案例不仅为学生提供解决任务的思路和步骤，也让我们反思现阶段的语文教学，即语文教师将自己的主观感受和经验完全强加给学生，忽视了个体的独特体验。但是在语文教学实践中，我们发现，学生通过不断地与文本接触和互动，在教师提供的支持下，融合团队学习的成果，是可以非常出色地完成语文学习任务的。作为语文教师，我们在学生需要帮助的时候，可以用一个典型的案例做示范，帮助他们搭建解决主问题的支架，设计学习思路，学生和团队建构的学习成果一定会远远超出我们的想象。

资源型支架

资源型支架指帮助学生搜集、使用各类资料。学生虽然是学习活动的最重要主体，但因为经验有限，搜集和使用资料如果方法不当，会浪费大量的时间和精力，这就压缩了他们提升语文素养的时间，导致学习效率低下。而如果不在一定阶段帮助学习者看到阶段性的学习成果，对其自信心是非常大的打击，降低了他们学习的效能感，进入恶性循环。因此，语文教师要善于在适当的时候为他们提供必要的支持和帮助。

在提供资源型支架方面，语文教师首先应该帮助学生学会根据既定主题搜集信息。现阶段，"互联网+"模式下的教育教学模式已经不足为奇，这不仅带来师生关系的调整，也为学生搜集信息、开阔视野打造了一个平台。同时，语文教师也面临着巨大的挑战，比如，如何帮助学生在浩如烟海的资源和信息中筛选相对准确的信息？如何帮助他们在这些针锋相对的观点中保持独立思考的能力？语文教师自己如何在知识和信息爆炸中实现教师知识和技能的更新？诸多问题都有待于语文教师去思考，也有待于教育工作者进一步探讨。同样的，我们仍旧可以通过一些导学案、范例给予他们一些合理的建议，去帮助他们提高搜索信息的效率。语文教师要注意提高学生的信息加工能力。作为教师，我们提供的是查找信息与分析信息的方法，而非标准答案。学生需要自己分析、整理、提炼出对研究主题最有价值的信息。

有一天，我打开广播，听到一个从来没听到过的节目，叫作"男生部落"，讲男孩时尚的故事，挺有新意，一下吸引了我，好的栏目名称再加上好的内容，总是让人有新鲜感。不知为什么，我突然产生一个念头，既然互联网信息对我们时刻造成冲击，那么是否可以把这个真实的情境搬到我们语文教学中，让大家在真实的情境中"真刀实枪"地建构对信息的搜集和处理能力。我把这个想法告诉了学生，引发热议，最后我们产生创建一个班级网页的想法，大家纷纷出谋划策，趁热打铁，用一节语文课专门讨论了要设计的栏目以及栏目的内容。最后，经过筛选，定下了八个栏目，它们是"我爱我班""阳光地带""法律红绿灯""美文欣赏""焦点论坛""我的偶像""经验交流""健康乐园"。

◆ 方案设计

活动名称：汇聚爱的地方——班级网页制作

活动主题：中学生是一群天真烂漫的少年，阳光快乐、朝气蓬勃应该是他们的本色，在学习的压力下，应该给他们释放的空间，交流的平台，丰富他们的生活，健全他们的人格，培养他们的兴趣爱好，激发他们的正能量，以此实现自我教育的目的。

活动目的：

1. 引导学生在生活中学语文，提高学生语文综合能力。

2. 通过栏目设计，培养学生的兴趣爱好。

3. 激发学生正能量，凝聚班级力量。

活动过程：

（一）头脑风暴——给栏目命名讨论：征集网页制作栏目的名称及内容

"我爱我班"主要讲班歌、班徽、班规、班级成员及老师的内容。

"阳光地带"是一个班级贴吧，在紧张学习生活之余，给学生提供一个交流的空间。

"法律红绿灯"栏目介绍了一些生活和法律的知识。中学生对有些事情似懂非懂，需要给他们一些生活的常识和法律的知识。

"美文欣赏"栏目主要用来展示学生的优秀作文，给学生提供鉴赏美文的平台。

"我的偶像"针对青少年盲目崇拜明星的行为，一方面介绍各行各业的明星，引导学生正确认识明星；另一方面也让学生把他们心目中的明星写出来，与大家交流。

"焦点论坛"是针对社会和学生的热点话题而开设的栏目。

"健康乐园"给学生提供生理、心理、精神的健康服务。

"经验交流"是学生学习经验、学习方法交流的平台。

（二）招兵买马——组建团队

1. 招聘栏目主编。

出示主编人选要求：

（1）对本栏目有兴趣爱好，有丰富的关于本栏目的知识储备。

（2）有较强的组织能力和创新能力。

（3）具有强烈的责任感和事业心。

2. 本人申请。3分钟陈述理由，竞聘上岗。

3. 栏目主编挑选成员，原则上双向选择。每个栏目5人。

4. 选出电脑技术人员3人，负责维护网页技术问题、安全问题、网络管理等。

（三）运作开工——展示特色

1. 每个栏目主编写一个编者按。

2. 明确成员分工。

3. 征集、筛选、编辑作品。

4. 定期征集意见，及时改进，争取越办越好。

（四）工作回顾

总结反思，一个月向全体同学汇报一次，作阶段性小结。班级网页制作活动收到了很好的效果。

1. 网页获得区评比一等奖。

2. 自从栏目建立以来，学生点击率很高，光顾本网页的人数不断攀升，不仅本班学生浏览，其他班学生也非常喜欢。同时有不少家长也经常光顾。

3. 学生投稿人数不断增加，写作热情高涨，全班一学期共投稿783篇，其中王天艺的稿件被采用多达22篇，位居班级之首，被评为"网络红人"。部分家长也为栏目投稿。

4. 各组之间既有合作，又有竞争，全班集体观念加强，合作意识明显提高。

网页中各个栏目的制作过程，其实就是信息的查找以及筛选过程。比如，

"法律红绿灯"栏目主要针对中学生，他们对有些事情似懂非懂，需要给他们一些生活的常识和法律的知识。这就要求学生必须去查找准确的信息，这个时候他们来寻求我的帮助，我就会在课堂上用零星的时间，与他们分享如何查阅最权威的信息，应该通过哪些途径、查阅哪些平台等。再比如，"美文欣赏"和"我的偶像"这类栏目会有一些投稿的展示，那么在筛选大量的稿件时，他们也会探究和斟酌。有的小组还会邀请我跟我的同事进入他们的小小编辑部，成为点评嘉宾或特邀审稿人。对于一些没有被刊登的稿件，他们还会给出修改意见，虽然这些意见只有一段话，却隐含着他们根据某一个主题或者要求筛选信息的基本能力。并且对于发布在网页上的众多信息，他们也会主动思考如何将这些信息更好地呈现出来，比如，进行整合或者加入一些评论，这都是信息加工的雏形。下面是部分学生成果。

◆ 学生成果1

"我的偶像"栏目主编撰写的编者按

编 者 按

10月的夜，有点凉。风，已疲倦了，我们却没有一丝倦意，因在这个虚拟世界里，我们拥有一个共同的朋友。前途渺茫时，来这里看看伟人们对同类事情的处理方式，或许会得到一些启发；年轻的我们可能被突来的喜悦冲昏了头，不妨找这位朋友倾诉，这位你永远的朋友——"我的偶像"。现在的社会，偶像如信仰一般被人们追随着，并为此狂热着，陶醉着。周杰伦、蔡依林似乎已经成为一种时尚符号，但你可知道他们无限风光的背后挥洒了多少汗水与泪水，风光背后又是怎样的凄惨与孤独。雷锋、董存瑞妇孺皆知，但你可知道雷锋也曾像我们一样因追求时尚而被批评，董存瑞也是个大活宝。我们有一个共同点——年轻。是啊，光阴如流水，一去不复返，我们真的需要珍惜，真的。我们年轻。

拥有自己的偶像，我们自豪。生活在和平安定的21世纪，没有战火纷飞，我们怎能忘记我们伟大的先辈，正是他们用鲜血换来了我们的幸福生活；

生于社会主义国家的我们又怎能体会到居里夫人那迫不得已的辱国之痛，还有拳王阿里那饱受歧视之痛，阿基米德惨死于敌军刀下之痛……

年少的梦啊，纯洁到洁白无瑕；年少的梦啊，美丽得如诗如画；年少的梦啊，年少的我们拥有自己的偶像，或是歌星，或是考古学家，或是男生们钟爱的体育健将，或是女生们喜欢的作家、文豪，他们都将随着我们八年级8班的网页一起载入史册，成为年少的我们一生最美好的回忆。也许20年后我们各奔东西，也许当我们再聚首时会提起这段回忆，而我们的老朋友，会静静地在那里，微笑，凝思，看着20年前那一群打打闹闹、嘻嘻哈哈的孩子们一个个成家立业，事业有成。

◆ 学生成果2

"焦点论坛"作品展示

谁说少儿不宜

对于玩股票，人们的看法截然不同。有的说是一种"买卖的方式"，有的说是"投机的构想"，有的说是"赌博"。而对于中学生炒股，人们的说法更是尖锐的。不论怎样说，股票的奥妙是难以用笔墨形容的，炒股仍是中学生和家长们关心的一件事。

我是一名中学生，由于年龄小，无法涉足股市，但对中学生炒股，我举双手赞成，一旦条件成熟，也会付诸行动。

股市风云变幻，险象环生，而这正是培养中学生应变能力的场所。不论从事何种工作，一个成功者必须具有魄力，在处理事情时必须有当机立断的果敢作风。这不是一朝一夕所能形成的，需要在社会生活的大风大浪中悉心培养。证券交易所正是培养这种作风的场地。

几千年漫长的自然经济，田园牧歌式的生活方式，养成了我们民族投资意识上的保守。银行成了余钱的唯一去处。大家似乎都认为每年吃点利息是赚钱的事。在几十年物价基本不动的计划经济时代，这样做，似乎还说得过去，但现在不行了，银行的存款利息常常低于物价上涨幅度。即使使其保值，也仅仅是"保值",不可能让存款增值。中国的经济体制改革了,中国人的投资观念也改变了。

现在的中学生,若干年后,就是社会的栋梁。可连什么叫"参股投资",什么叫"分股发行"都一头雾水的话,中国拿什么同发达国家竞争?投资是一门学问,投资得当,不仅使自己受益,也会使国家更加繁荣。

当然,有人会说,中学生应以学习文化课为主,不应炒股。这里,有几个问题需弄清:第一,"为主"不等于全部。在"为主"的前提下,问津一下股市,有何不可?第二,我们一再强调素质教育,投资意识、风险意识、竞争意识是不是、该不该成为素质教育的内容?第三,我们是要培养死啃书本的书虫,还是要培养驰骋国际市场的雄鹰?

还有人会说,中学生炒股赔了钱咋办?没有只赚不赔的股市,也没有只赚不赔的操盘手,为什么要求中学生只赚不赔?

中国股票和股市,对于已有几百年历史的西方国家股市来说,毕竟是太年轻了,缺少经验,尤其缺少高级管理人才。我们需要高明的股市调控手,需要金融证券业的创新者,需要优秀的控盘手和投资家。世界上的超级股市大鳄,有许多就是在中学时代甚至更小时对炒股发生了兴趣,最终成为一代骄子的。也许,在不久的将来,在中国乃至世界股市上,就能看到我们这一代矫健的身影。

入选缘由:一个小姑娘却有如此胆魄,关注生活,有自己的思想,表达自己对生活的态度,语言铿锵有力,有大将之风范,很了不起。

上述案例整合了多种建构策略,是资源型支架和情境型支架、合作型支架、评价型支架的有效融合。学生不仅是信息的提供者,也是信息的筛选者和加工者,这有助于他们未来在语文学习甚至全学科的学习中,明确根据特定的目标和主题提取基本要素,排除干扰性信息,并且做到捕捉重要的显性信息或隐性信息,保证信息提取真实、准确、完整。

合作型支架

合作型支架指的是语文教师善于建构有利于学生合作的机会,并且提供指导学生合作的主题和方法。在众多模式中，自主合作探究模式是最适合学生的一种学习方式，在这种模式下，学生通过语文教师抛出的"锚"，发挥各自优势，合作解决主问题。合作学习不仅是一种教学策略，也是一种新的学习方式。语文教师在设计合作学习时，应该基于"组内异质，组间同质"这一基本原则将学生分成若干学习小组，或者可以根据特定的学习主题或学习任务，遵循学习者的兴趣和意愿，进行分组。语文教师在进行评价时，一定要避免对某一个同学进行评价，而是将不同的学习小组作为一个整体评价对象进行评价。这样会鼓励他们将一同完成学习任务作为共同目标，有助于他们在合作过程中发挥优势，在互助模式中获得语文能力和语文思维方面的跃升。

评价型支架

评价型支架是为学生提供评价自身和评价他人的机会和方法。对自己以及他人的评价有助于学生全面反思自己的学习情况，这样的反思对他们来说更为直观，更为深刻，也有利于他们在各个方面进一步发展自己。教师与学生在课堂上共同建构某一个教学内容，与他们共同朗读一首诗歌，或者共同实现对某一个文本的解读等。同时，在每一个教学单元之后进行复盘，请学生对自己的教学和他们自己的学习进行复盘式评价，也是非常好的方式；在创建学生对学生的评价过程中，学习小组展示学习成果是我最常用的。但是，语文教师除了提供大量的评价机会之外，也要用范例引导他们更规范地进行评价。

情境创设式策略

真实的情境有助于学生和教师去解决真实的语文学习问题和语文任务。在这一过程中需要教师兼顾以下原则：首先，要兼顾学习者的认知、行为和情感。在国际语言学习的测评研究中，更多的研究者认同对情感、认知以及他们的行为进行研究和探讨。情感主要侧重于课堂上平等开放的课堂氛围和良性的师生关系。认知指的是学生有关于某一个学科或某一个学习主题的思维能力的发展。行为指的是他们的课堂表现以及他们的学习行为，同时，要注重将所创造的情境与教学目标结合。在情境创设过程中，时刻把握语文学习的基本要素，使之成为自己进行教学活动设计的重要资源，而不是被情境包含的实践活动牵着鼻子走，要让情境为语文学习服务。下文展示了教师教学随笔写作的过程。教师创设了一个真实的情境让学生在游戏的情境中去体验、去感受，并将真实感受书写成文。

"纸飞机，飞呀飞"情境随笔课教学设计

◎教学目标

1. 放飞纸飞机愉悦身心，激发写作动机，积累写作素材。

2. 练习描写活动过程，提高学生的观察体验和联想、想象能力；培养表现意识，提高习作能力。

◎教学重点

1. 游戏过程的组织（高效、有序）。

2. 指导学生在游戏情境中学会观察、体验。

3. 引导学生转移兴奋点，将参与游戏的喜悦、激动用随笔写作表现出来，表达情境体验、把握写作灵感。

4. 激励评价，指导写作（语言、选材、构思立意）。

◎教学难点

通过对学生作品的点评，引导学生领悟写法。

◎教学过程

导入

小组风采展示。

彩纸的用途，设疑导入。

"纸飞机飞起来"游戏。

折飞机，书梦想。

引导学生观察各种飞机样式。

小组竞技。

教师在各组比赛过程中，通过采访、评价等方式引导同学们观察人物动作、表情、神态以及现场。

决胜时刻。

挥笔创作。

随笔写作提示：

可以描述活动过程，再现精彩情景。

刻画活动中某个人（神态、动作、语言），表现他的个性。

可以写由这次活动引起你对往事的回忆、对放飞梦想的思考等。

写出自己的真情实感。

◎展示评价

学生评，老师评，总结形成写作指导。

作业：修改成文。

◎板书

纸飞机，飞呀飞

——情境随笔

学会观察

学会倾听

学会表达

◆ 学生作品

纸飞机——翔梦

纸飞机曾赋予我童年的欢乐。如今，当再一次拿着自己折的纸飞机准备放飞时，内心深处有一团沉默多年的激情焰火再次被点燃……

"这节课我们来折纸飞机！"当听到"纸飞机"三个字时，我便无法掩饰内心的兴奋。我飞快地折完纸飞机，动作是那么娴熟，仿佛在重复儿时的功课。我一笔一画地在纸飞机上写上自己的名字，并"刻好"了我的梦想，随后便准备放飞。

当我站在讲台上时，我的内心是多么忐忑！我小心翼翼地托着它，它那么轻，又那么重。此时此刻，我感到拿在手中的不再是纸飞机，而是一个美丽却又不堪一击的梦啊！也许这个梦对我来说是遥不可及的，也许它是那么的简单，但这一切都无法影响它在我心中的地位，对我来说都是"千金"般的贵重。飞机起飞前，我时刻都在调整飞行方向，是的，我放心不下，因为我知道如果它没有按着一个明确的方向去飞行，就像人无法朝着梦想的方向前进一样，将梦想葬送。此时，我的内心并不平坦，而是荡漾着。"纸飞机啊纸飞机，你可不能辜负我对你的期望啊！"我在心里默默地为它祈祷。当纸飞机起飞的那一刻，我的心中再次燃起了希望，是童年的梦想，是对未来的憧憬……

"纸飞机啊纸飞机，也许你并不知道，多年前你放飞了我儿时的梦，此刻，你又放飞了我长大后的梦，放飞了我对未来的希望……"

◆ 学生作品

飞入蓝天

蓝天，一个神秘又令人向往的名字。每个人心中都有一片属于自己的天空，在这片天空里，会有你无限的遐想，而最重要的是理想。

本想是一堂庄重而又严肃的语文课，可出乎意料的竟是老师让我们折纸飞机。在小学，在童年，我们都曾折过，折纸飞机对每一个孩子来说是不可缺少的成长历程，尤其是对一个男孩子来讲。这便使我想起小时候折的燕子飞机，美丽的弧线，加上机身的颜色，仿佛一道光柱从天空划过；许多飞机一齐飞翔，更如一道炫丽的彩虹在天空中绽放。

大部分同学制作的都是机身修长，前端尖细的，放飞出去，犹如一把利剑划破长空，令人感到愉悦、快乐。

老师让同学们比赛，看谁的飞机飞得最远。让我印象深刻的是刘统领同学折的，他同大部分人一样，制作的是尖头飞机。来到台上，他那微胖的身体与手中拿的修长的飞机有些不对称，但他仍信心满满，脸却有点微红，待老师让他们放飞，他高高举起手，对着飞机哈了口气，然后双眼望着前方，别人已飞了出去，他大喊一声"为了梦想！"后将纸飞机放飞了出去。大家的飞机不约而同地飞向了远方，虽然他没有取得第一名，但他的话语深深触动了我，这种情感和话语是真实的。

纸飞机承载着我们的梦想，但它仅仅承载着我们的梦想吗？梦想在前方，等待着你去追求。也许现在它不明确，刚刚萌发出来，但只要我们努力，为了梦想去追求，那么，梦想就一定会实现！

为了梦想！

◆ 学生课后感

"纸飞机，飞呀飞"情境随笔课感受

3月28日，星期三，我们刚下操回来，语文老师屈老师突然说第二天我们讲公开课。对于这份迟到的告知，我们并不感到意外。一是我们以前做过公开课，还是有些经验的；二是屈老师的"惊喜"对于我们来说习以为常了。可就在第二天，我还是不免吃惊。

我们正在门口等待，老师说："这堂课不需要语文书，只需要实践。"看着屈老师一脸神秘的样子，我不禁好奇了起来，这堂没有语文书的语文课。

铃声响起，开始上课。让我没有想到的是，老师竟然让我们折纸飞机！虽然知道了这节课是作文课，可从来没有想到老师竟然真的让我们体验后再写。我本来就喜欢作文，无聊的时候更是会写作文，却发现这样的体验过后反而会让写作文变得更有趣，收获更大，更真切。一般情况下，我的作文基本上都是编的，可这次下笔就发现了不同：思如泉涌，不需要像平常那样构思情节，不用为接下来该怎么写而为难，一篇文章顺理成章就写下来了。从同学们的作文中，我发现了每个人观察事物的角度不同：有的同学观察了大场面，有的同学观察了某一个人的行为，还有的同学描写了自己。我还发现，体验后的思考要比没有体验过更加深刻。从自己和他人的经历中，我们往往能懂得一个做人的道理，甚至会让你终身受益。

刚上了一节情境随笔作文课就如此让人回味无穷，真想再上一次啊！

思维过程外显策略

语文学科是有关语言、文字、文学、文化的，需要教师和学习者共同建构抽象的语言规律，也需要学习者有个性化的体验和深入的感悟。对于语言规律这一比较抽象的语文知识，将教师和学生共同建构的思维外显，可以使其更加形象和直观。而对于十分感性的语文知识，我们就可以通过思维过程外显策略使其更加条理化，让学生自己明白思维的发生、发展过程，这样有利于未来分析同类问题和延展问题时，调整思维能力的运用方式和思路。更为重要的是，思维过程外显策略可以帮助学习者建立起学习语文的思维方式，帮助其总结学习本学科的基本规律。

在设计语文教学活动时，首先，教师可以采取课堂问答描述的方法，通过交流、复述、转述等形式，将学生的思维外显。其次，教师也可以选择成果展现法。也就是将学生对某一主题的认识呈现在 PPT 或大屏幕上，这种方式可以有效地提升学生的学习动机和自我效能感，当他们看到自己的答案被外显在屏幕上的时候，会对这一问题继续深入思考。再次，我们也可以使用逻辑梳理法。比如，教师可以设置一个流程图或线索表，在学生阅读文本之后与学生共同完成，这样就将作者的思路、学习者的思路、教师的思路立体建构和整合起来。然后，我们也可以通过写作的方式，让学生对学习语文的过程或对某一主题的学习效果进行复盘和反思，尤其要反思自己学习的全过程和思维变化。最后，我们也可以用情境实践法，在具体的活动情境中实现生生之间、师生之间的思维碰撞，学生在语文实践活动中的表现本身就是他们思维活动的外显形式。

教师在进行《壶口瀑布》教学时，学生绘制了游踪图，他们对文本的基本行文思路有大概的掌握。这是将思维过程外显的第一步，并由此建构了第一课时中定点换景的写法学习。在第二课时的学习过程中，教师通过在课堂中与学生对话和访谈他们的个性化感受，让学生深入探索和理解这篇文本。有关壶口瀑布的特点及象征含义，教师没有先入为主地对学生进行单向输出，而是用对话进行引导，以下是课堂实录。

师：课前，同学们已经认真读了文章。本文的语言畅达自然，典雅凝练，给同学们留下了深刻的印象，很多同学对一些语句印象非常深刻，写了很多批注。接下来，就请同学们交流批注，说出你的理解和感受。同学们，请翻开课本，哪位同学想说一说你的理解。

生1：请大家跟我一起看第4自然段："尽管这样，壶口还是不能尽收这一川黄浪，于是又有一些各自夺路而走的，乘隙而进的，折返迂回的，它们在龙槽两边的滩壁上散开来，……"这句话运用了拟人的修辞手法，写出了水势的浩大，读到这一句的时候我有一种很强烈的画面感，能联想起自己去过的地方，黄河的画面非常宏伟。

师："黄河的画面非常宏伟"，好，"夺路而走的，乘隙而进的"这一段文字是如何让你联想到"宏伟"这个词呢？

生1：可以想出黄河水流的走势，壶口在此时已经无法承受水的力量了，所以水就会冲击石壁的两侧，给人一种宏伟之感。

师：好，有没有其他同学对这位同学的发言有所补充或者不同见解？为什么她会产生一种浩瀚之感，是因为壶口这个地方容不下如此多的水，水流到滩壁上，那滩壁上的水又呈现怎样的状态呢？

生2：后面是说"它们在龙槽两边的滩壁上散开来，或钻石觅缝，汩汩如泉；或淌过石板，潺潺成溪；或被夹在石间，哀哀打旋"，水顺势而流，根据地势呈现不同姿态，非常优美。"钻""淌""夹"说明水的姿态非常多，非常灵动。

师：非常好！这位同学从这些语句中，感受到水的形态多样，非常灵动。

生3：我找的也是这句话。这句话首先运用了排比的修辞手法，写出了黄河水在龙槽两边的滩壁上散开来的画面，突出了黄河水柔和纤细的特点。水"钻石觅缝""淌过石板"，写出了水的柔和，表现出一种很自然的形态。

师：好，这位同学从修辞的角度对这句话进一步做了分析。除了这句话外，还有没有其他的语句让你感受颇深呢？可以跟大家分享一下。

生4：我对第2自然段"果然，车还在半山腰就听见涛声隐隐如雷，河谷里雾气弥漫，我们大着胆子下到滩里，那河就像一锅正沸着的水"感受颇深，首先这句话从听觉角度写出了壶口瀑布声势浩大，"涛声隐隐如雷"运用了比喻句，生动形象地写出了壶口瀑布水流的声音。关联词语"还……就"能够体现壶口瀑布的声势浩大，凸显了壶口瀑布水流的急、猛。"雾气弥漫"写出了壶口瀑布的水流神秘，"那河就像一锅正沸着的水"也运用了比喻的修辞手法，生动再现了壶口瀑布的景象。

师：那你觉得这段文字体现出壶口瀑布的什么特点呢？

生4：急、猛。

师：好，请坐。这位同学刚刚在分享的时候，不仅从修辞的角度，还从写法的角度，从视觉、听觉的角度进行了阐释。其他同学还有要分享的吗？

生5：大家请跟我看第4自然段的后面几句。"我突然陷入沉思，眼前这个小小的壶口，怎么一下子集纳了海、河、瀑、泉、雾所有水的形态，兼容了喜、怒、哀、怨、愁——人的各种感情。造物者难道是要在这壶口中浓缩一个世界吗？"这句话是作者的抒情，他赋予了黄河人的情感，体现出黄河的博大胸怀，从作者的笔下可以看出，水的世界其实也是人的世界。这句话其实为后文写出黄河的个性进行了铺垫。

师：有没有同学能对这位同学的发言进行点评或者补充？

生6：我对这段文字的赏析进行补充。这段文字将壶口瀑布的特点集中起来，将其升华到人的情感。这个部分将整篇文章的中心由描写壶口瀑布升华到对民族的赞美，表达了作者的思想情感。

师：好，请坐！你们俩都提到了一个关键词"升华"，从对壶口瀑布的描写升华到对人的描写。还有没有其他语句呢？

生7：请大家跟我一起看文章的第3段。"当地人说，曾有一头黑猪掉进去，再漂上来时，浑身的毛竟被拔得一根不剩。"这句话作者举了一个例子，体现出黄河水的急、猛，跟前文所说的黄河水的急和猛是相对应的。

师：好，还有同学对这句话有其他的理解吗？

生 8：这句话我认为运用了侧面描写的方法，黑猪给人的感觉很壮实，但是掉进黄河之后连毛都没有了，写出了黄河水的湍急，同时也从不同角度衬托出黄河水的猛，也增加了文章的趣味性。

师：非常好！你首先对前面同学的发言进行了补充，前面的同学从水独具的特点出发进行赏析，你从写作手法的角度说明了这样写的作用，非常感谢你的补充。还有没有同学愿意分享一下呢？

生 9：请大家跟我一起看第 3 自然段。"我听了不觉打了一个寒噤。"这句话表现出作者对水感到恐惧，体现出了水流的急、速度快和水量大。

师："我听了不觉打了一个寒噤"，水带给作者怎样的感受呢？

生 9：带给了作者非常迅猛的感觉。作者担心水也会把他冲走。

师：感谢你的发言。还有没有其他语句呢？

生 10：还是第 3 自然段。"河水从五百米宽的河道上排排涌来，其势如千军万马，互相挤着、撞着，推推搡搡，前呼后拥，撞向石壁，排排黄浪霎时碎成堆堆白雪。"这句话首先运用了比喻和夸张的修辞手法，将在枯水季仍然气势磅礴、汹涌澎湃的河水流速快、水量密的特点形象地展现出来，让读者产生身临其境的感觉。

师：那老师想问你一下，为什么选择这句话做批注呢？

生 10：首先因为这句话运用了比喻的修辞手法，我觉得"排排黄浪霎时碎成堆堆白雪"非常有意境。

师：好，这是这位同学这样做批注的原因。还有没有同学想对这句话进行补充呢？

生 11：除此之外，这句话还运用了拟人的修辞手法，"互相挤着、撞着"这几个动词作者运用了拟人的修辞手法，写出了壶口瀑布气势凶猛的特点。此外，这些语句还对我的写作产生了帮助。

师：那老师想请一位同学给大家朗读一下，我们感受一下壶口瀑布的气势。哪位同学愿意朗读一下呢？

生 12："河水从五百米宽的河道上排排涌来，其势如千军万马，互相挤着、撞着，推推搡搡，前呼后拥，撞向石壁，排排黄浪霎时碎成堆堆白雪。"

师：我想请同学分享一下听完这位同学朗读的感受。你有什么样的感觉呢？

生13：我感觉到了黄河水的震撼和勇往直前的精神。

师：那请你用简单的语言对刚才这位同学的朗读点评一下。用一个字形容呢？

生13：气势磅礴。

（学生开心地笑）

师：可以用一个字"好"形容。好，谢谢你的分享，请坐。还有没有对于其他语句有分享的？

生14：我看的是第4自然段。"只见那平坦如席的大水像是被一个无形的大洞吸着，顿然拢成一束，向龙槽里隆隆冲去，先跌在石上，翻个身再跌下去，三跌、四跌，一川大水硬是这样被跌得粉碎，碎成点，碎成雾。"这句话首先运用了拟人的修辞手法，生动形象地写出了黄河水的气势磅礴，"翻个身再跌下去，三跌、四跌"则体现出黄河水的气势百折不挠。

师：大家都领会到了黄河水的精神——百折不挠。那有同学能够对这个"跌"字谈谈感受吗？刚刚很多同学都是从修辞的角度说的，从词语的角度我们也可以进行赏析。

生15："跌"字能够让人感觉落差很大，其次水流很快。"跌"字是作者从水的视角表现壶口瀑布水的气势磅礴。

师：那是否还有其他语句呢？

生16：请大家跟我一起看第4自然段。"当然这么窄的壶口一时容不下这么多的水，于是洪流便向两边涌去，沿着龙槽的边沿轰然而下，平平的，大大的，浑厚庄重如一卷飞毯从空抖落。不，简直如一卷钢板出轧，的确有那种凝重，那种猛烈。"首先这段话中，作者将黄河水比喻成飞毯、钢板，大家对水的印象一般都是柔美的，但是作者却将无形的水比喻成飞毯、钢板，我觉得这是一种独特的比喻，"钢板"能够体现出水流的猛烈、壮阔，给人以震撼之感。

师：那钢板给人以什么感觉呢？钢板给人以浑厚之感，刚才也有同学说到水的形态多样，非常的灵动、非常的柔和。好，请坐，谢谢你的分享。

师：除了写水之外，文章还写到石头，有没有同学对此有自己的理解呢？

生17：第5自然段，"这些如钢似铁的顽物竟被水凿得窟窟窍窍，如蜂窝杂陈，更有一些地方被旋出一个个光溜溜的大坑，而整个龙槽就是这样被水齐齐地切下去，切出一道深沟"，侧面描写可以看出水的凶猛，能将石头旋出一个光溜溜的大坑，将石头凿得坑坑洼洼。

师：抓住了这几个动词"凿""旋""切"，通过侧面描写突出水流的急和凶猛，力量之大。好，老师把同学们分享的壶口瀑布的特点，不管是雨季的还是枯水季的，在黑板上做了总结。下面，请同学们思考这样一个问题：为什么作者要详写枯水季的壶口瀑布呢？

（教师板书）

壶口瀑布

形态多样　灵动浩大　气势磅礴

有关对壶口瀑布特点的理解，所有的关键词都来源于学习者在课堂上的建构，教师通过语言的交流、复述、引导，帮助学生进行思维过程的外显，同时教师也将学生主要的思路以板书的形式呈现，这样就给予了学生非常强烈的学习动机。

第三节　语文教学评价的建构策略

语文教学评价对语文教学设计起着重要的反拨作用，在语文教学的环节中，语文教师应该尽可能地积极建构教学评价活动，发展多元化的评价主体和评价方法。

多元化评价主体的建构策略

建构多元化的评价主体是对学习者全面化和个性化发展关注的最好体现。单一主体的评价方式，存在内容单一化、标准片面化等现实问题，然而学习者的学习情况是千变万化的，学习需求也是千变万化的，因而造成了巨大矛盾。因此，建构多元化主体的评价格局，有助于评价者从各自的思维取向、思维方式、价值观念、学习基础等方面出发，对学习者或者教学者的行为进行评价。

在传统的语文教育教学评价体系中，教师一直扮演着设计者、实施者、监测者和结果衡量者的角色。学生一直是被评价者和学习者的身份。在建构式对话教学的教育理念下，同一人群应该有更为多元和丰富的身份内涵，即教师同时应该作为学习者的身份存在，学生也应该有机会扮演评价者，这就需要语文教师设计多维思路的评价策略，实现多元评价主体的建构。

教学思路回顾策略

对教学思路和流程的"反刍"是一种很好的评价策略，这种教学活动有利于多元主体的参与和建构，因为在这一过程中，学生和教师可以共同对某个单元或某个主题下的学习过程和教学过程进行回顾和反思。这样就使教师和学生在评价体系中的角色发生了转变。同时，对于教学思路的回顾，也是教师反思自我教学的最佳时机，学生从不同的视角对教师的教学活动进行评价。这一过程不仅带动了学生对教学内容的深入思考，也从多维的视角给予教师设计语文教学活动非常宝贵的建议。舍恩（D. Schön）认为，教师的反思活动是教师的思想与教学行为之间的对话。更具体地说，教师的反思活动是在复杂情境下对教学行为及其基础理论进行反复、连续、深入的思考过程，从而赋予教学以实践意义，探索提高实践能力的可能途径。在具体的教学活动设计中，教师可以带领学生对本单元或某本书的阅读，或者请学生对某一个专题下教师的授课内容、授课方法以及整个单元的设计思路和设计模式进行回顾和探讨，鼓励学生大胆真实地对上述内容进行合理的评价。下文将展示学生对《藤野先生》学习情况的评价。

师：散文的材料很零散，但是始终有一根线牵着，那就是情感线索。我们说散文学习是有一定难度的，但是大家在进行单元学习的过程中，还是有一定收获的。那我们接着总结第二个环节。在第二单元当中，以《藤野先生》为例，我们是怎样展开课堂教学的呢？

生1：在第二单元当中，以《藤野先生》为例，我们首先自己对整篇文章进行批注，了解整篇文章的内容；然后我们结合补充材料，更加了解鲁迅先生，了解文章主旨。这篇文章的标题是《藤野先生》，鲁迅先生写了几件与藤野先生相关的事件，但是也写了与藤野先生无关的事件，通过对这些无关事件的分析，了解鲁迅先生的想法和情感。在《藤野先生》这篇文章当中，与藤野先生相关的事件有：初识藤野先生、藤野先生修改解剖图、关心中国女人裹脚事件；与藤野先生无关的事件有：东京见闻、仙台优待、匿名信、看电影。

师：说得非常详细。但是老师对于你的回答有两点不同看法。第一个是课文中前五段内容是否可以说与藤野先生无关呢？"无关"这个词用得是否准确呢？哪位同学能够用准确的语言回答一下？

生1：是为后文鲁迅和藤野先生的交往进行时间的铺垫。

师：所以我们说并不无关，而是没有直接关联。第二个你提到的匿名信事件和藤野先生是否有直接关系呢？我们说是有直接关系的。还有同学想跟大家分享自己的学习心得吗？

生2：在学习《藤野先生》这篇课文的时候，您先让我们自己阅读，先预习。在课上先进行事件的总结，对每一个自然段的内容进行概括，再对每一个自然段的情感进行分析，分析结束后对整篇文章的情感线索进行梳理。这篇文章整个的事件线索和情感线索就清晰了。

师：那老师上这一节课的时候具体做了什么？

生3：补充了一个材料——《呐喊·自序》。

师：老师为什么要补充这一材料呢？有什么作用？

生3：让我们了解当时鲁迅写作的背景，更好地体会作者的情感，以及作者为什么要写这篇文章。

师：非常好！那老师是每一篇文章都发助读材料了吗？助读材料对于你的学习有什么帮助呢？

生3：《呐喊·自序》告诉我们作者当时留学的背景，刚好有助于我们理解作者写作的目的，让我们对这篇文章了解更深。此外，作者在《呐喊·自序》当中向我们介绍了他为什么要学西医，这交代了鲁迅去日本的原因，也交代了鲁迅弃医从文的原因。《呐喊·自序》向我们介绍了许多文本中没有的内容，方便我们了解作者的情感变化。

师：所以这些助读材料的使用是为了帮助我们更好地进行学习。大家再想一下，在学习《从百草园到三味书屋》时，老师给大家补充了《呐喊·自序》吗？并没有。老师补充的助读资料都是跟文本内容紧密相关的，便于大家深入学习文本内容。现在大家回忆一下，第二单元共有四篇文章，刚才大家谈到了《藤野先生》，大家在学习《列夫·托尔斯泰》《美丽的颜色》时，老师主要讲了哪一点内容呢？

生4：学习《列夫·托尔斯泰》，您带着我们浏览了整篇文章，发现有很多比喻句。《美丽的颜色》主要讲述居里夫人的事情，以她女儿的视角写的，所以引用了很多她妈妈的原话。

师：好的，老师上课强调了"引用"和"转述"，对哪一篇文章单独进行了讲解呢？

（学生齐声回答《回忆我的母亲》）

生5：我们在学习这篇文章的时候还是以自己批注为主，其次进行了对比阅读，您发了一些名家写的关于母亲的文章。

师：那请同学们猜想一下，老师为什么要把《我的母亲》这篇文章进行单独讲解呢？

生5：您给我们发的补充材料既包括回忆性散文也包括人物小传。通过阅读这些补充材料，我们能够找出回忆性散文和人物传记在写作手法等方面的不同之处，为我们后面的写作做了铺垫。

师：《我的母亲》这篇文章老师是以读带写。重点在讲比较阅读，发现其中的奥秘，引申到我们日常的写作当中去。那同学们思考一下，如果不要这么多的阅读资料，你觉得可以吗？

生5：如果去掉这些补充材料也可以上好课，但是增加助读材料，可以通过对比引到写作，可以更有节奏地学习。

师：好的，那从你的角度来说，读这些助读资料，你有哪些收获呢？

生5：可以找出回忆性散文和人物传记的不同点；可以自己归类、写作。

师：每次学习增加一定的助读材料，扩大大家的阅读量，大家是否觉得负担很重呢？

生6：因为增加阅读量可以更好地帮助我们品味课文内容与之相关的部分，从而进行对比，可以帮助我们了解课文内容的独特之处。

师：增加负担和不增加负担，大家以什么界限划分呢？

生6：我觉得可以按照课下阅读材料的时间来衡量。我觉得阅读这些资料不是负担，因为它对我们深入学习有一定帮助。

在这一评价过程中教师引导学生成为学习活动评价的主体，学生对整个学习情况和补充的各类材料进行了评价，就必然会对文本本身和教学流程有深入理解和探讨。辅以小组合作探究的学习方式，更能在学生的思维中擦出火花，对教师的各类教学行为进行思考。

学习合作小组互评策略

学习合作小组作为一种重要的学习组织方式，在日常语文教学中得到了广泛的应用和重视。将其建构成一种独特的评价方式，也有非常重要的意义。首先，在小组合作学习过程中，学生处在平等对话的角色上，不同语文基础的学生之间形成了一种建构式的对话。这就使每一个学生的学习成果尽可能地得到了展示，每一个学生也会尽可能地参与到语文学习的全过程中。毋庸置疑的是，学生的很多问题都会在小组合作学习过程中得到有效解决。因此，在互相评价的过程中，其他小组对该组同学的评价一定是更为深刻的，是建立在组内评价的基础之上的，这就实现了学生思维的多次进阶。其次，相对于传统的学生之间的评价，学习小组之间的互评具有整体性。在评价的过程中，评价的对象不再是某个同学的学习成果，而是以小组为单位进入到评价者的评价视线中。在这个过程中，学习者的学习成果是以整体出现的，评价者的评价内容也是以整体出现的，评价意见一定也是经由小组成员讨论之后的结果，这样的意见更具有针对性和建设性。更为重要的是以小组为单位进行学习的互评可以最大限度地增加学生学习的动力和集体荣誉感，这对于培养学生的学习品质有非常重要的作用。最后，学习小组之间的相互评价具有广阔的开放性价值。顾名思义，小组之间的互评代表着人员上的开放，学生都可以参与其中，人人都有评价的权利。同时，开放性也指时间和空间上的开放，在互评策略建构的过程中，学习小组之间的互评并没有咄咄逼人、针锋相对，而是在课下或线上等不同的时空内进行的，这就将语文学习引入到学生的日常生活中和学习中。教师在讲授法布尔《蝉》的过程中，根据学生的学情和学习兴趣，设计了多个学习任务，有两个小组选择了"对话一只蝉"的学习任务，并都以表演的形式进行了学习成果的展示。

生1：我们是第四小组，任务是访谈，我先说一下我们组的分工。生1担任外景记者，生2担任近景记者，生3负责采访提纲的设计，生4和生5负责按采访提纲进行访谈，现在我们开始表演。

生2：蝉先生，您好。

生3：您好，请说。

生2：我在花园里，经常听到一种奇怪的声音，我发现这种声音和您现在发出的声音很相似，请问您发出这种声音的目的是什么？

生3：这是我们在鸣叫，为了吸引异性而发出的声音。

生2：那您在夏夜还如此卖力地鸣叫是为了什么？

生3：那是因为我们的母亲将我们产在土壤之下，大约四年之久。来到地面上时，基本上是我们生命的尽头了，所以我们必须卖力地鸣叫，展示我们的歌声。

师：这两组同学非常具有表演天赋啊，那你们对于他们的表演有什么想说的吗？请填写评价量表，写好了示意老师。

生6：我觉得这两组的表现都很好，但第一组表现更好，脱皮的过程表现得很生动。第二组说鸣叫是为了吸引异性，但是并没有异性。

师：简单地说出了你的评价。你提到了一点，两组都很契合我们文章的内容。第一组把我们刚刚分析的内容完全展示出来了。

生7：他们两组的表演都比较生动有趣，不会很枯燥。针对第二组提一个小小的问题：蝉妈妈产卵并不是直接产在地底下，而是先产到木质内部再进到地底下的。

师：第一组很多人都觉得好，现在老师想为第二组正名。他们说的有一个地方我特别感动，蝉来到地上的过程非常艰辛，来到地上后，只能活五个星期。法布尔对于这一段是怎样评价、怎样叙述的呢？

师：我们齐读最后一段。

（学生齐读）

师：法布尔是带着怎样的感情来写蝉的歌声的呢？

生：感觉是在地下经历了四年之久，才能够从一个刚出生的幼虫长到可以在阳光下放声歌唱的蝉。这四年可能是非常苦的，它还需要在地下吸取那些植物根系上的枝叶，同时它还要爬上爬下，用爪把隧道加固，所以蝉是很艰难地活着的，我们不应该去讨厌这位歌唱者。

师：这位同学从法布尔的这段内容联想到了很多内容，联想到了蝉的艰辛，联想到我们不应该去讨厌这样一位歌唱者，那么他之所以有这样的联想，是因为法布尔写得好，让我们产生了蝉是那么艰辛、活得那么艰难的想法。法布尔带着什么去写的呢？

生：情感。

师：对，带着情感去写，那带的是什么样的情感呢？

生：热爱昆虫的情感。您给我们发的资料上面提到法布尔研究昆虫，不是像其他科学家那样去解剖，他是真正热爱昆虫，把昆虫当作人一样来对待。

师：他说得非常到位。法布尔是把昆虫当作人一样进行描写的，其实昆虫是跟人平等的生命，他并不是以一种高冷的态度来看待蝉的。我们来概括一下，蝉是漫长黑夜当中的歌唱者。（板书：漫长黑夜的歌唱者）

师：刚才我们把所有蝉的生长历程以及法布尔是如何观察蝉的都进行了梳理，孩子们还提到了关于法布尔的一些情感，其实法布尔用了十四年的时间去观察蝉，在这个漫长的过程中，他不只是在观察蝉，还在观察其他的生物，其他的昆虫，有的用了几年，有的用了几十年。

可以看到，在学习小组互评的过程中，教师作为一个评价者跟学生站在平等的位置上，对其他小组的学习成果展示情况进行了有理有据的评价，这就让学生有了更强的学习动机。在接下来的过程中，教师提供了一个有关学习内容的脚手架，为学生提供了有关作者的评价。学生对这些评价进行探讨，探讨的内容和成果也由其他学习小组点评。

师：法布尔用多年的时间才写成了一本《昆虫记》，很多人评价他是奇迹当中的奇迹，也有人对法布尔有很高的赞誉，有人说，他是昆虫界的荷马，昆虫界的维吉尔。荷马、维吉尔大家了解吗？没有听过的话老师稍微给大家做一点补充。

师：荷马是古希腊著名文学家，曾经写了影响几代人的《荷马史诗》，维吉尔是古罗马的重要诗人，他的很多的诗作现在还在流传。第二个评价：他观察之热情耐心，细致入微，令我钦佩，他的书堪称艺术杰作。第三个评价：他以人性关照虫性，并以虫性反观社会人生。第四个评价：这个大科学家像哲学家一般地思，像美术家一般地看，像文学家一般地写。下面请大家结合文章的语言，每组选择一条评价谈一谈你的感受。每组的组长负责统筹，可以从"蝉的卵"这个部分去寻找在语言上能够契合你选择的这条评价，也可以从"蝉的地穴"这个部分去寻找，还可以整合这些语言来阐释。有的同学可以负责记录，有的同学可以负责汇报，自己分工，给大家五分钟的时间交流感受。

（小组合作交流）

师：大家对第四条评价特别感兴趣，有四到五个选择第四条评价，那咱们就从这条评价开始说一说吧。其他组同学认真听，拿出你的评价量表2，给他打分。展示的小组先跟大家说一说，你们小组是如何分工的，还有展示的内容。

生1：我们组汇报第四条评价。我来汇报。第四条说，像哲学家一般地思，像美术家一般地看，像文学家一般地写，生1和生2负责找像哲学家一般地思，生3找像美术家一般地看，生5和生6负责找像文学家一般地写，我们组觉得像文学家一般地写整篇文章都可以算。这篇文章虽然是说明文，但它非常有文学性，其中一些描写刻画得非常生动，像哲学家一般地思，我们觉得在最后一段，他会根据蝉的一生进行深刻的思考。第4段也是一样，像哲学家一般地思，他提到"做隧道的时候，泥土搬到哪里去了呢？为什么墙壁不会塌下来呢？"，就是说他在这个过程中已经想了很多问题了。像美术家一般地看，比如在第10自然段，"在空中腾跃，翻转，使头部倒悬，折皱的翼向外伸直，竭力张开。然后用一种几乎看不清的动作，尽力翻上来，并用前爪钩住它的空皮"。可见他看得非常有艺术感。

师：她说的内容很有逻辑，很完整，请坐。其他同学可以在评价量表上对他们组进行评价。

生2：我想做一个补充，因为这条评价提到了四点，首先是科学家，然后是哲学家、美术家和文学家。我们根据这四点分别进行了分工。因为科学家提到了一部分，所以我们从文中找了很有说明性的语言，这个是生1负责。像美术家一般地看是生2和生3负责。像文学家一般地写是生4和生5负责，我负责总结和汇报。首先是科学家，虽然这篇文章总体的语言很幽默、很风趣，但它里面有很强的说明性，就像第4段，准确严谨。像哲学家一样思考，我们可以看出来，法布尔虽然描写的主要是昆虫，但他用的很多语言就像是形容人一样，具有人的品质。比如它在洞穴四年，挖隧道，让我们感觉它很辛苦。像美学家一般地看，里面的语言描写得十分优美。从第11段和第19

段看出，他的观察是十分细致的。因为我们知道，美术需要我们用眼睛，用心去感受。像文学家一般地写，一般的说明文很严谨，但是法布尔写的不仅是说明文，还有对生命的思考，引发了自己的情感，有一部分的主观性。所以这句话说得很好，法布尔就是这样的一个人。

师：这两组同学在这么短的时间内，准备得很充分，一看就是对课文很熟悉，有自己的看法，而且思维能力也很强。第一组带有概括性地说这是一篇说明文，但在这么多文字中它还有一些拟人的描写，也说整篇文章都是这样。第二组说得具体一些，具体说了哪里体现了说明文的严谨准确，又具体说了法布尔的个人情感。大家的回答角度不同，但都非常好。我们第二组展示的同学补充了一点，就是研究的时候法布尔是有科学精神在里面的。

师：刚才我们提到了法布尔对生命的态度具体是什么呢？其他组的同学能否把这个融入你们的回答里呢？如果没有融入进去也没有关系。

生3：我们选择第三条，"他以人性关照虫性"。法布尔是一个很善良的人，他以非常温柔的方式去关注这些动物，任由他们自由自在地生活，然后再去观察他们，再说"他以人性关照虫性"。蝉是一种很普通的昆虫，但是通过法布尔的描写，我们可以知道蝉在地穴的四年是很艰苦的。从第107页的第5段可以看出，它能够把工作兢兢业业地完成，还有后面的脱皮也是一个苦难的过程。就像我们很多人其实很平凡，但是他们都有工作，非常负责，生命非常短暂，但是却在无怨无悔地付出。

师：说得好，不仅将我们的问题融入其中，而且还表达了对这一条评价的看法，现在请大家对这个同学以及前一个同学的汇报进行评价或者补充。

生4：我想补充一下，他说并以虫性反观社会人性的时候，在最后一段写"我们不应当讨厌它那喧嚣的歌声，因为它掘土四年，现在才能够穿起漂亮的衣服，长起可与飞鸟匹敌的翅膀，沐浴在温暖的阳光中"，这里四年的掘土，也反映了社会中有一些人非常努力，但大家对他们可能比较厌恶，这样的态度是不可取的，因为这些人一直在努力付出。

师：这一组选择了用蝉反观社会人生，另辟蹊径。这个想法跟老师之前想的不一样，你为老师打开了一个思路。其实我们说反观社会人生，蝉作为昆虫，在这个残酷的大自然中，被筛选、被淘汰，在这个过程中，它作为个体在不断地奋斗，也在坚韧不拔地抗争，就像这个同学提到的，跟人类的天性有相关之处。

师：刚刚还提到一点，法布尔之所以对这些昆虫有相当多的感受，是因为他对生命是敬畏的，是尊重的。其实法布尔并不是一位专门的昆虫学家，因为感兴趣，他才对昆虫开展了这么多年的探究，说明他对这件事是怎样的？

生（齐）：热爱。

师：刚刚大家没有提到的"昆虫界的荷马，昆虫界的维吉尔"，老师把这条评价补充出来。"昆虫界的维吉尔"，说明他既是一位昆虫学家，又是一位文学家，所以他的文章既有说明文的特性，又带有自己的情感，既生动又形象。他描写蝉，讴歌蝉，赞美蝉，不仅对蝉抱有同情，并且对蝉怀有敬畏。

师：法布尔的一生都在研究昆虫，1879 年《昆虫记》第一卷问世，那一年，他 56 岁；1910 年《昆虫记》第十卷问世，那一年他 87 岁；1915 年，他坐在轮椅上最后一次巡视他钟爱的"荒石园"，这一年也是他生命中的最后一年。下课请大家带着对法布尔这种精神的感受，还有这节课学到的学习方法，在课下继续阅读必读篇目《昆虫记》，去感受其他昆虫的绚丽世界。

在上文展示的两个教学片段中，教师与学生共同建构了学习小组之间互评的评价方式。评价内容不局限于其他学习小组对课前学习成果的展示上，也可以在课堂教学过程中随时生成，甚至可以是对于评价的评价。学习小组的互评，其人员的开放性、时空的开放性，以及内容和方式的生成性、建构性，都是建构式对话教学理念的最佳体现。

输出驱动策略

语文的学习是一个非常综合的过程，而书面和口头上的输出可以最大限度地代表学生语文的综合素养。无论是写作还是口语表达，都可以最大限度地提高学生"语言的建构和运用""思维的发展和提升""审美的鉴赏和创造"以及"文化的理解和传承"等多方面的能力。而且书面和口头上的输出也为学生进行自我评价提供了丰厚的评价内容和评价材料。学习输出最大限度地驱动了学生的学习输入。教师在引导学生写作之后，将学生的作文作为学生之间相互评价和自我评价的最好材料。

师：在这一单元中，老师让大家写了作文，大家还记得吗？写的是"故乡的食物"，用意在何处，其实在作文当中可以体现出来。好，我们回忆一下。我们在课上写了故乡的食物，写作的范围是家乡的小吃，同学交流，选出优秀的文章，老师再进行点评。这一节课，我们主要进行分享。这些同学的作文是非常好的作文。

（PPT 呈现）

优秀作文名单

《故乡的食物》（老北京炸酱面）

《故乡的食物》（老北京冰糖葫芦）

《熟悉的味道》（老北京冰糖葫芦）

《故乡的食物》（甘肃大饼）

《回味奶茶》（内蒙古奶茶）

《故乡的食物》（老北京豆汁）

《故乡的食物》（北京各类特色小吃）

《故乡的食物》（老北京爆肚）

师：咱们第二单元也进行了写作，一起回忆一下第二单元我们的写作主题是什么。

生1：给自己的长辈写传记。

师：老师先请大家看一下 PPT 上作文的标题，括号内老师标注了大家作文的主要内容，如果不标注，只看标题，大家发现了什么？

生2：大部分的标题一样，只有两个标题是不一样的。

师：那你更喜欢哪一个呢？

生2：我更喜欢《回味奶茶》，它直接写出了写作对象。还有《熟悉的味道》，能够引发读者的阅读兴趣。

师：好，现在的信息非常发达。大家知道网站吗？网站看点击量，而点击量靠标题博取眼球。我们的作文能否吸引读者的眼球，作文的标题非常重要，所以《回味奶茶》《熟悉的味道》显然要比《故乡的食物》更吸引人。这些作文内容很精彩，但是作文的题目还可以更精彩。所以，同学们，老师给你们的题目只是一个范围，希望这一点同学们可以注意。

（PPT 呈现）

同类美文欣赏：

地道的老北京炸酱面，论做法和吃法，都是十分讲究的。既然是炸酱面，最重要的当然是酱料了。这的确是靠手艺的，要先将黄酱调匀，待油锅烧热之后，倒入黄酱和肉丁了，但一定要先将肉丁煸一煸才更香。适量的葱末儿和鸡蛋也可以提味儿。一碗炸酱面香不香就看炸酱的技术了。

每次妈妈炸完酱，我总是忍不住直接用黄瓜蘸着吃。酱刚出锅时是热的，配上清脆的凉黄瓜，别提多美味了。

——《故乡的食物》A 同学

（A 同学朗读片段）

师：这段语言写得非常干净、准确，你是如何做到的呢？

A 同学：我们家经常吃炸酱面，尤其是做酱这个部分，我也比较喜欢，会看着妈妈、爷爷他们做炸酱面。

师：主要源于对生活的观察，才能更细致地描写。

（PPT 呈现）

一说起奶茶，别人一准儿想到市面上销售的香飘飘、阿萨姆……甜的、香的、速溶的、现磨的，花里胡哨的。蒙古奶茶可不一样，正儿八经的砖茶熬制，加奶、加盐，一大碗冒着白汽的蒙古奶茶，是硬货。

往日，清晨伊始，总有人将一把大铁壶吊起来，用树枝把水烧得滚烫，沏上茶，喝个痛快，用他们的话讲："早晨不喝奶茶心里干巴，饭也吃不下。"可见，喝奶茶早已成为蒙古人民的生活习惯。

——《回味奶茶》B 同学

师：这篇文章是 B 同学写的，我们请 B 同学给大家分享自己的写作思路。

B 同学：我写这篇文章的切入点是我的家乡——内蒙古。内蒙古有很多特产，但是我选择了最为熟悉的奶茶。市面上有很多奶茶，我想通过对比，突出内蒙古人的一种精神品质。这篇文章我进行了大修改，修改之前我侧重写内蒙古人喝奶茶的缘由。老师给我的修改意见是要凸显出情感，可以结合内蒙古人民的特点来写，所以我增加了一个小片段，这个故事一方面突出了奶茶的作用，另一方面凸显蒙古人民的热情好客。

师：好，从 B 同学的作文中，我们看到了写作的多种角度，不是单纯为了写奶茶而写，多角度地写出了家乡的习俗、家乡人民的热情好客。通过她的语言描写，好像熬制奶茶的场景就呈现在眼前，所以文章写得很大气。

……

师：如果单纯说一种食物怎么制作，有何种特点，那这篇文章过于单调。老师觉得写食物只是一种情感载体，主要写的是情感。大家在进行写作的时候千万不能脱离自己的生活，要把食物放到广阔的背景中。我们大多数同学都能做到文章中写到食物与自己的记忆，但是在结尾处略显单薄。同学们都对生活有所感悟，但是对生活的思考老师是无法教给你们的，只能引导大家用心感悟生活、思考生活，这样才能做到有所反思。

在对输出的成果评价过程中，学生二次反思了自己的创作情感、创作思路和创作内容，也结合其他学生和教师建构的评价内容，对自己的文本创作进行了修改。

多元的评价主体对于语文教学建构学习终点和新的起点都至关重要。因此，可以采取上述几种策略，发展新的策略，去发现、挖掘多元化的评价主体。我在写作本书时，只关注了语文课堂教学，因此未将其他教师、家长、社区成员等主体纳入其中，语文教师在进行具体的评价主体建构的过程中，可以充分发挥其他多元主体的作用。比如，与家长协商时间，将不同的学生混编成学习小组，对其他学习小组进行评价。这种方式既增强了亲子互动，又使学生和家长的角色更为多元，也可以邀请其他教师组成评价嘉宾组，与学生进行交流、对话。

评价方法的建构策略

无论是先进的教学评价理念，还是多元的评价主体，都离不开合适的评价方法的建构。评价方法的"合适"，首先体现在与评价内容相对称上，其次体现在与评价主体身份的对应上，同时，也体现在运用的时间、空间以及能力维度方面。合适的评价策略和方法，可以非常有效地提升学生的学习参与度和课堂参与度。更为重要的是，可以提升语文教师的教学水平，使其在充分了解学生学习情况的基础上，充分调动学习者的主动性和积极性，促进师生的平等对话和共同学习，最终提升语文教育教学质量。

科学量表策略

评价量表又被称为评比量表，以所提问题为评价主体，针对问题产生的对立态度设定评价基点，产生若干富有客观性的评价态度，评价方根据自身需求选择某一种评价态度，反思评价主体即所提问题产生内因，发挥评价量表能效。[①] 在社会科学的评价量表中，对量表题目的要求、评分体系、评分层级等量表构成要素有非常严格的要求，但是在日常的语文教学活动中，我们所设计和使用的评价量表，只需要尽可能保证其完整性和科学性即可。

科学量表策略的巨大价值不仅体现在量化统计方面，量表使用过程本身对学习者和评价者也有巨大启发。因为在建构量表的过程中，设计者可以利用量表对学习者和评价者的评价范畴做出规定，也对评价内容和学习方向做出引导。任何对话和建构都是"戴着镣铐跳舞"，都需要在一个基本的学习范畴或学习主题下进行。同时，量表还有一个非常重要的作用，就是对被评价者的学习情况和学习进展做出评价，这也对评价者了解学习者的情况起到

---

① 陈慧敏. 浅谈如何运用评价量表提升初中语文课堂学习效率 [J]. 新课程，2019 (11)：242-243.

了不可替代的作用。尤其是可以将量表评价的结果可视化，非常有助于直观了解学习者的情况，适用于分层教学目标的设定。最后，在量表评价中，我们可以通过质性方法深入分析，了解学生的思维状况和思维能力水平，为决定教学起点做出准备。在建构评价量表的过程中，教师和学生都可以作为设计的主体。以下是学生学习批注法的课堂实录。

师：好，批注法一直是我们所强调的，这种学习方法孩子们现在运用得越来越熟练。第四单元的一些哲理性散文我们并没有拓展，我们拓展的是写景抒情类散文。现在请大家拿出我们补充的资料。

（PPT 呈现）

教学活动之学生自主探究学习

课外篇目：

《故乡的食物》汪曾祺

《端午的鸭蛋》汪曾祺

《春酒》琦君

《吆喝》萧乾

师：补充的材料当中，从汪曾祺的《昆明的雨》到《端午的鸭蛋》《故乡的食物》，又补充了《春酒》《吆喝》，这都是以前教材出现的课文，但是这组文章让大家采用批注式的方法进行了学习。今天，我们以小组为单位进行学习交流，这有一个过程性的学习评价，我们根据评分标准选出最佳小组1 组，最佳发言人3 人。希望同学们能够很好地展现自我。需要着重讲清楚批注的内容是什么，为什么这样批注。小组代表进行示范，小组成员相互交流分享。

（学生讨论 3 分钟）

（PPT 呈现）

教学活动之学生合作分享学习

学习任务过程性评价表（满分 20 分）

	第一组	第二组	第三组	第四组	第五组
内容指向明确					
内容翔实具体					
小组合作程度					
陈述条理清晰					
总分					

　　最佳合作小组 1 组；最佳发言人 3 名。

　　师：现在我们自由发言，交流我们做批注后的感受和学习心得。

　　不同的教学环节，针对不同的教学内容，教师和学生共同建构评价量表，并用于语文教学的各个环节。相对于其他课堂评价的方式，科学量表评价策略能够更为直观地展现学习者的学习情况，也能够系统地体现学习者对有关学习内容的能力表现。同时相对于传统的纸笔测验，科学量表策略更能够体现建构式对话教学的生成性和参与性，也能够更为深入地了解学习者对该学习主题的学习情况。

发展性评价策略

　　随着教学实践的发展，传统教学评价的弊端越来越明显，面对这一现实，人们又提出了发展性教学评价这一概念。发展性教学评价是指把教学目标作为参照标准，从学生自由、全面发展的角度出发，收集、分析教学过程中的信息，全面评估学生的学习效果（包括教师的教学效果）的评价方式。与传统教学评价相比，发展性教学评价是注重过程化的形成性教学评价，从发展的角度出发全面分析评价结果，发挥评价工具在教学活动中的激励作用，帮助评价对象持续发展进步，而不仅仅局限于甄别、选拔评价对象。[1] 发展性教学评价策略可以在教学的全过程中随时监控学习者的学习进度，在适当的情况下为其提供学习资源的支持，并且根据发展性评价策略得出的结果随时调整自己的目标和教学活动。在讲授细节描写的过程中，教师在课堂上与同

---

　　① 薛佳佳. 高中思想政治课发展性教学评价研究 ［D］. 苏州：苏州大学，2019.

学们共同分析描写不好的原因，所有的原因分析都来源于学生，来源于写作和学生学习的过程。教师提问学生不会描写的原因是什么，学生回答有四个方面的原因。

（教师板书）

不知道从哪里入手

不知道为什么描写

词语贫乏

缺少观察

（PPT 呈现）

分析：原因

1. 有经历不等于有觉察

2. 有觉察不等于善表达

师："有经历不等于有觉察"，孩子们能理解这句话吗？就像老师天天在你们面前，你们都司空见惯了，大家有没有仔细品一品身边的人和身边的事？我们平时一定要用心观察经历的事情。孩子们，如果没有认真观察生活，就会缺少素材，我们要有发现美的心，去感受生活。

师："有觉察不等于善表达"，同学们可以多积累，多思考。学习是自己的事情。现在咱们行动起来，去解决这些问题。我们选择一个活动场面，每个同学选择一两个视角进行描写。现在开始思考。

（学生思考并写作，教师巡视指导）

这是一堂公开课，案例中的学生对于我来说是一群陌生的学习者。我没有机会对学生过往的学习情况进行评价，所以必须要借助发展性、过程性的评价随时把握学习者在细节描写这个主题上的学习进展和学习情况，以此不断生成和调整自己的教学目标和教学活动。

成果展示策略

成果展示策略为不同主体的评价提供了可能性和平台。首先，成果展示一定要设定具体的主题情境，让学生乐于参与其中；其次，成果展示的方式有很多，其中以小组合作性、探究性的学习成果展示最为常见，效果也最好；最后，在成果展示过程中，教师要注重"语文味儿"的融入，不应该让成果展示变成音乐课、表演课、美术课。在评价的过程中，教师要善于引导评价者，从语文的评价指标和评价体系对学习成果的展示进行评价。上文提及教师在讲授法布尔的《蝉》时，设定了几个非常有意思的情境，分别与微信、生物实验报告以及新闻采访等情境链接，使学生在学习这一文本的过程中学习动机很强，自我效能感高涨。下文展示新闻采访组同学的学习成果。

生6：我们是第三小组，我们的分工合作是生1负责提出采访问题，生2和生3根据书的内容给出回答，我负责撰写采访稿，生4和生5负责汇报演出。下面是我们的汇报内容。

生6：一天中午法布尔来到花园，意外地发现了一只刚刚脱皮的蝉。众所周知，夏天是观察蝉的最佳时期，于是法布尔与这只蝉开展了一段有趣的对话。

生4：你好。

生5：你好。据我观察，你有很长一段时间是在地下度过的，那么在这段日子里，你是如何为自己制造一个合适的住所的呢？

生4：我会把灰泥涂在隧道的墙壁上，灰泥是一种极黏的液体。我的地穴常常建筑在含有汁液的植物根须上，是为了从这些根须取得汁液。我的地穴上还有一层一指厚的土，它可以帮我抵御恶劣的气候，让我决定什么时候出来晒太阳。只有在好天气，我才会爬上来。

生5：原来是这样子，那你来到地面之上的感受是什么？

生4：爬到地面之后，我非常快乐。我会选择一个合适的地点来脱皮，脱皮时我会把头先伸出来，接着是吸管和前腿，最后是后腿与折着的翅膀。这时候，除掉尾部，全体都出来了。我感觉非常新奇。

生5：这么长的时间你都在等待着自由，那你的一生感觉到快乐了吗？

生4：我觉得挺快乐的，因为虽然在地下的时候很辛苦、很枯燥，但是总要有付出，这样才会有快乐。当我来到地面之后，我会用我悦耳的歌声给人们带来动人的体验，我觉得我奉献了，我的一生是很值得的。

生5：好的，谢谢你。

师：感谢这一组，非常有表演天赋。我们一会儿再来评价，相信大家一定会有很多想说的。

随后，教师邀请另一组新闻采访组的同学进行了学习成果展示，并在课堂上采用了小组互评的方式进一步评价。由此可以看出，成果展示策略可以最为全面、最为深刻地展示学生的学习成果，并且为使用多种评价策略和评价方式提供了可能。

丰富多彩的教学评价策略体现了建构式对话教学的生成性、参与性、建构性、过程性等诸多属性，也是立体评价学习者学习效果和学习进展的优质路径。

第四章

语文建构式对话
教学的未来方向

第一节　语文建构式对话教学现存的问题

时至今日，语文建构式对话教学仍旧处于理论和实践的起步阶段，虽然众多语文教师已经有语文建构式对话教学的基本雏形，但是有相当一部分的语文教学实践是缺乏理论体系和框架支撑的。这些问题也导致了一些语文教师虽然在实践中已经尝试运用这种新型的课堂教学模式，但是其语文教学现状仍旧呈现较为散乱的状态。尤其是一些青年语文教师，只顾其表不顾其里，过于注重模拟语文建构式对话教学的外在形式，而忽视其本质内涵和基本特质。这样就会矫枉过正，掩盖了语文建构式对话教学真正的价值和意义。

学习基础现存问题

用主观臆想代替理性判断

现阶段，仍有大部分语文教师对学生学习基础的判断还停留在主观判断层面，而不是真正站在学生的角度去倾听他们的声音，去了解他们的兴趣、困难和学习基础，这在本质上是教师没有从"神坛"上走下来，没有真正站在平等的位置上跟学生对话。通过实践反馈，甚至很多年长的语文教师对学生学习情况的判断仍停留在传统的经验臆断层面，没有做到理性、客观地判断和思考，不能突破原有的经验认知，客观地考量学生的学习困难和兴趣，进而影响其选择、组织教学内容和选择合理的教学策略。

采用的判断方式片面、单一

在第三章，我们提出了对教学起点即学生的学习基础进行判断的方式可以从较为科学的社会科学研究范式出发，从定量和定性两个角度对学生已有的学习基础和认知基础进行判断。从量化角度入手，我们可以看到绝大多数学生面对共同的学习问题和学习兴趣，也可以判断他们对于某一个学习内容的纵向发展趋势；从定性角度来看，我们可以发现个别学生的个别问题，因为每一个学生都是独特的、不可取代的。最理想的方式是将这两种判别的方式进行理性的、适当的结合。很多语文教师虽然已经萌生了利用社会科学的研究范式去探讨学生已有的学习基础的想法，但是他们对于研究方法和判断方式的掌握比较片面和单一，要么用量化统计的方法，要么用个案调查的方式。这两种方法都有各自的优点和不足，我们要做的就是尽可能将这两种方式结合起来，以全面的视角去看待整体和个体的关系。

过分纠结量化统计的结果

一些青年语文教师，尤其是没有接受过专业的社会科学研究方法训练的语文教师，经常会问我如何对学生量化统计结果有比较可靠和稳健的分析。他们的出发点是好的，但是他们过分纠结量化统计结果本身，而忽视了一些结果背后隐含的关联和深层次的内涵。

教学目标现存问题

过分注重内容，忽视能力养成

语文教学目标是一个非常具有黏性的教学要素，它是连接学习者的学习基础、教学内容的选择、教学策略的使用、评价方式的建构等诸多教学要素和教学环节的关键性因素。如何通过有限的目标实现对学生语文能力的真实、全面提升，教学目标隐含的能力体系与层级至关重要。传统语文教学目标多针对具体的内容领域设定，即使有针对学科能力提出的目标，也只针对某一种能力进行提升，而很少考查学生的复合能力。同时，也少有目标针对语文学科的高阶能力，目标预设多停留在学习理解与实践应用两个层级，而忽视迁移创新层面。学习能力的实质是结构化、网络化、程序化的知识、技能和策略，因此，支撑语文教学目标的框架也应该是网络化的复合能力体系。语文学科能力是学生语文水平的真实体现，因此，语文教学目标应更为关照能力维度。

对过程性目标缺乏适应性

教师的适应性（teacher adaptability）是近年来国际教育教学领域研究的热门话题，教师的适应性指教师在面对众多复杂的、不确定的、新颖的情境时，对自己的行为、认知和情绪三个方面进行调节的一种能力，是教师较为稳定的一种气质。目前，更多学者对于教师适应性的研究集中于教师在课堂上对自己教学目标和教学行为的调试上。我们知道，语文建构式对话教学要求语文教师善于捕捉课堂上学生星星点点的行为变化，并且利用一些细节来进行目标的设定与调整，那么就需要教师在授课过程中对这些过程性的目标有极高的适应性，据此对自己的认知、行为和情绪进行合理调整。比如，面对学生在课堂上出现的一些新的学习问题，教师能否迅速、准确地判断这个问题是不是一个典型性的基础问题，需不需要建构新的教学目标，同时，语文教师也要在这个时候对自己的情绪进行调控，做到不慌乱、保持自己冷静的判断能力。过程性目标的适应能力是判断一位语文教师优秀与否的重要指标。

教学目标片面化设定

语言的使用与体悟是听、说、读、写四种能力综合内化的过程，也是语文教育的根本任务。现阶段，语文教师在进行目标设定的过程中仍旧存在"重读写、轻听说"的现象，阻碍了学生语文学科能力的协调发展。因此，探索整合听、说、读、写四者的测验路径，正确处理四者关系，是语文教育教学甚至是母语教育教学的关键议题。语文是一门实用性极强的学科，学习语文也是为了促进学生更好地交际和生活，偏废对学生听、说能力的培养会导致语文素养的部分缺失。因此，对于语文学科听、说能力的养成应该从目标的设定做起，并且以此指导后续的教学内容的选择和教学策略的使用。以真实具体的情境为载体，以复杂的社会活动为主线，以思维的发展、语言的运用为表征，设计有效的、全面的教学目标，让学生真正参与言语的实践和使用中，而非简单地"纸上谈兵"，这也完全符合语文建构式对话教学的基本要求。

教学内容现存问题

对教学内容建构的意识薄弱

语文教师在具体的教学实践活动中，最重要的教学内容和教学抓手就是语文教材及学校提供的统一化的教学材料。这些规范化的材料虽然为语文教师的教学内容选择和教学策略使用提供了一定程度上的便利，有时却限制了语文教师和学生对教学内容建构的意识和可能。语文教师越不敢尝试突破已有的教学内容，越不敢大胆地使用学生不断生成和建构的教学内容，就越会造成语文教师在教师学习、自身职业发展等方面的惰性，久而久之，他们的语文课堂会变得愈发沉闷、没有生机。原本在他们脑海中对教学内容的建构意识，也会逐渐淡薄，步入了一个恶性循环。

受困于语文教材和语文学科内部

跨学科学习和全学科视角下的教育教学活动近些年得到了众多教育研究工作者和一线语文教师的极大追捧，但是，反对的声音也不绝于耳。很多语文教师提出，全学科的教育教学视角会导致语文课堂缺少"语文味儿"。那么，对于很多新手语文教师和青年语文教师，他们在这种教育改革浪潮中，会选择较为保守的教学内容，即使他们的学生已经有了将其他学科或者语文学科之外的世界融入语文学科学习的趋向，这些教师可能会故意忽视这种趋势，而不是从语文教育教学的目的出发，去帮助学生进行综合性学习。他们甚至不敢去突破学校规定的教材内容，也不敢不使用集体备课中大多数语文教师认为"正确"的语文教学内容。如果语文教师所选择的教学内容不能来源于学生、服务于学生，而只是选择和使用大多数人认为"对"的语文教学内容，那么语文学科独特的个人体验和精神价值又该在哪里体现呢？

对教学内容的使用效率低

在对教学内容的选择和使用方面，一些教师仍然存在矫枉过正的情况。

他们为了选择更为丰厚的、更适用于学生解决真问题的教学内容，而不加思索地、大量引入过多跨学科的材料或者是语文学科外部世界的材料，并期望学生形成对于某一个学习主题或者学习单元的多维、立体的认识。他们的出发点是好的，但无疑也降低了很多优秀材料的使用效率。针对同一个学习主题，学生可获取的信息和资源是浩如烟海的，尤其是在互联网教育的时代背景之下，学生可以获得更多的有关该内容的学习材料和学习文本。那么，作为语文教师，我们想通过对典型教学内容的使用来帮助他们建构起对于某一类教学内容的学习思路和学习策略，对典型教学内容的深入挖掘和深入探讨就显得尤为重要。在上文中提及的有关教学内容的组织与使用部分，我们说到可以减弱甚至忽略一些教学内容或教学文本，深度剖析学生真正感兴趣、真正存在学习问题的教学内容，并为学生提供一定的学习支架，以帮助他们在未来遇到同样的学习内容或学习文本时，能够迅速地建构起对于该类学习内容的思维路径和思维方法。

教学策略现存问题

课堂教学建构局面失控

现阶段，越来越多的语文教师对于语文建构式对话教学理念和原则指导下的语文教育教学活动有了新的认识。在他们的认知中，他们知道要充分保证学生的主体地位、要保证课堂的平等对话，才能充分调动起学生的学习积极性和学习语文的巨大兴趣。因此，这些语文教师会设计大量的学生参与性极高的语文课堂教学活动，并且让学生充分展现、充分发挥。但是，这就会出现一种矫枉过正的问题，他们忽视了语文教师主导性角色的价值，没有在宏观的学习目标上对学生进行引导，也没有在学生遇到学习困难和学习问题时提供必要的学习支架，帮助他们对某一个教学主题或教学内容形成意见上的统一或学习方法上的建构。当然，他们更没有站在与学生平等、真诚对话的位置上，与他们共同完成某一个学习任务。

学生不适应该种策略和方式

现阶段，一部分教师正处于从传统课堂中"保姆式""权威式"教学模式向"民主式"、建构式的语文教学新模式转变的过程中，他们的学生也从传统语文学习方式向更加自由、平等、民主的语文学习方式转变。在这一阶段，语文教师会面临着诸多转型方面的挑战，同样，他们的学生对于新兴的语文建构式对话教学所提倡的教学策略或教学方法也需要一段时间来接受。尤其是当他们要完全依靠自己和同学的力量来完成对某一个学习任务时，平时给予他们大量方法和知识的老师，此时只能以提供学习支架的角色出现，他们就需要更长的时间进行自我调适。而语文教师应该做的是在这个阶段尝试使用一些更为温和、渐进的教学策略和教学方式，达到转型的目的。

形式大于本质

随着新课程改革浪潮以及语文教师年轻化时代的来临，更多的语文教师愿意接受新型的教学模式或授课方式。然而，很多青年教师为了追求语文建构式对话教学、语文对话教学、语文生成式教学等新兴的语文课堂生态，过于重视这些新型教学模式的形式，比如，他们会为了外在的形式去设计教学内容和教学活动，会为了呈现探究式学习策略而让学生在不明确学习目标的情况下去探究，或为了进行小组合作学习而设计合作的教学内容。其实，所有的语文教学活动都是要为特定的教学内容服务的，而教学内容的选择则要根据学习者的兴趣、学习基础、学习困难去生成和建构，而不是根据要使用的教学策略反向预测学生的学习情况和要使用的教学内容。这样就会背离语文建构式教学的精神和本质。如果丧失了语文建构式教学的本质，那么无论使用什么新型的教学策略，其实都无助于学生在课堂上解决他们的真问题、表达他们内心真实的学习感受和学习体会。

教学评价现存问题

重结果、轻过程的教学评价现状

在语文建构式对话教学理念和原则的指导下，语文教学评价应该贯串于语文教学活动的方方面面，语文教师随时根据学生的学习情况和学习进展进行判断，并由此调整自己的教学目标和教学行为。相对于终结性教学评价来说，在语文建构式对话教学中，语文教师应更加注重形成性评价，也就是更注重学生在每一个学习阶段所达成的能力指标。但是，目前更多的语文教师无法完全摒弃过往的终结性评价，尤其是传统的纸笔测验成绩。即使语文教师尝试在教学过程中对学生进行形成性评价，也更为关注他们是否取得了对于某一学习主题或教学主题所要求的最终结果，而忽略了整个过程中学习者学习路径的具体走向，或学习进展与宏观的教学目标要求不对称的情况。

教师主观因素影响着教学评价的客观性

在语文建构式对话教学的理念和原则指导之下，我们强调更加多元和更加开放的评价主体。语文教师、学生、家长、其他教师等都可以参与到教育评价体系中，最大可能地保证评价的客观性和参与性。当然，语文教师仍可以作为评价的主体对学生的课堂表现和课堂行为进行评价。但是，我们发现，理论和实践仍旧存在很大的差距，语文教师在进行教学评价时，某些学生过往的课堂表现和课堂行为仍会影响教师的教学评价结果。如果无法保证教学评价的相对公正和客观，那么建构多元主体的教学评价方式就毫无意义。因为即使学生对他们的同学进行了较为客观和合理的教学评价，也会被具有权威性的教师"扭转"过来，这样的教学评价只会浪费时间，毫无客观性可言。

评价指标建构仍处于初级阶段

评价指标的合理性、动态性与可区分性对于反向促进教学评价的合理性和语文学科的教与学，都具有重要意义。虽然评价指标的建构是教师和学生共同商定的，但是考虑到学生对教学评价的不了解以及知识结构和认知体系发展的不完善，语文教师应该给予学生更多的脚手架，帮助他们对评价指标进行建构。但是，从目前的实践反馈来看，大多数语文教师对于评价指标的理论系统仍处于陌生的阶段，更不用说他们对心理学、社会学等社会科学测量理论的掌握了，语文教师自己建构的指标都缺乏层次性和可生成性，使得目前语文学科的评价过于武断和笼统，忽视了学生动态发展的过程。语文学科的外延即生活，语文学科与其他学科不同的是，语文能力培养的是面对广泛、灵活的言语材料与言语情境做出合理判断并得出解决方案。言语材料与情境是复杂的、未知的，因此对语文学科教学和学习的评价也是动态和不断生成的，这就导致了语文学科的评价框架建构起来十分困难，无法针对具体的知识点和知识框架进行建构，这也是绝大多数语文教师在进行语文教学评价时面临的最大问题和最大挑战。

第二节　语文建构式对话教学的发展方向

学校层面

积极进行建构式对话教学课程的顶层设计

"顶层设计"（top-down）是一种自然科学或大型工程技术领域的设计理念。它是针对某一具体的设计对象，运用系统论的方式，自高端开始的总体构想和战略设计，注重规划设计与实际需求的紧密结合，强调设计对象定位上的准确，结构上的优化，功能上的协调，资源上的整合，是一种将复杂对象简单化、具体化、程式化的设计方法。[①] 该理念逐渐被广泛应用在多种学科中，在语文教育教学领域，它指的是教育教学管理者基于语文学习者的情况和语文教学目标，运用系统论的方法，从学生及教师发展的上位视角出发，统筹考虑语文教材、语文课程标准、教学资源、教学环境等诸多因素，对语文教学进行整体构想。同时，更为重要的是，在建构式对话教学的顶层设计中，教育教学工作者和管理者不仅要对总体的想法进行架构，而且也应该根

---

① 徐敦楷 . 顶层设计理念与高校的科学发展 ［J］. 中国高等教育，2008（22）：11-13.

据长期的实践反馈，将这一整体架构逐级分解开来，分解成具体的、可操作的教学目标以及可落地的语文教学方式或手段。从学校层面来讲，如果想尝试进行语文建构式对话教学课程的顶层设计，首先要做到充分了解本校学习者的学习基础和接受基础。学生是学习的主人，他们更应该是学校的主人，任何优秀的校本课程，都应该来源于学生并回归到学生。其次，在进行语文建构式对话教学课程的顶层设计过程中，要注重理论和实践相结合。教育改革，理论为先。我们要首先对语文建构式对话教学这一理论有非常明晰的认识，并且与学校的语文教学实践相结合，形成一种互补和互动的态势，由此形成实践和理论相互促进、互为表里的关系，最终形成语文建构式对话教学的课程顶层设计。再次，语文建构式对话教学应该做到尽可能融入学校课程体系结构。高质量的校本课程体系，不能不考虑多样化和选择性。因此要善于将语文建构式对话教学的课程设计融入学校校本课程设计的整体架构之中，保证校本课程的可选择性和不同课程之间的互补性。

为语文教师开展建构式对话教学提供开放的学校文化

如果想让语文教师不断更新对建构式对话教学等新型教学模式和教学理念的认知，想要帮助他们与学生共同建构语文教学乃至全学科教学的全过程，那么，无论是校长还是教育教学管理者都应该为他们提供一个较为宽松、民主和开放的教学环境和工作环境。首先，学校领导文化与教师的教学个性和教学理念的习得有千丝万缕的联系。毋庸置疑，学校领导对学校文化的认识高度、深度及重视程度决定着校园文化的样态。学校领导个人的教育思想、工作作风、学识修养、人格魅力也会从不同的角度影响着该校的学校文化，进而间接影响教师的教学风格和学生的学习体验。[①] 作为校长，作为青年教师眼中的前辈，也作为一名不断学习、不断成长的语文教师，我深知如果校长、领导能够为众多教师提供一种更为开放的、包容的学校领导文化，那么，教师实现个性化的教学无疑具有更大的教学设计空间和施展空间。同时，作为一名语文教师，我经常大胆尝试、思考一些新型的、真正有利于学生语文

---

① 袁丹 . 基于学校文化的教师教学个性研究［D］. 重庆：西南大学，2014.

学习和语文核心素养提升的教学模式，我相信这种尝试本身就已经为大量的青年语文教师提供了一个样例，传递出在我们这种包容、开放的学校领导文化和学校氛围中，所有人都可以自由表达，每个人都享有充分的空间进行语文教学设计，领导与教师处于平等对话的关系，这种平等对话的关系也为更多语文教师实现语文建构式对话教学提供了样例。其次，重视学校制度文化对教师采取建构式对话教学的鼓励。学校是从社会分工中分化出来的独特组织，文化的力量在学校发展过程中越来越受到重视。在学校这一独特的组织团体中，学校制度文化是其重要组成部分。制度可以对学校成员的情感、态度、价值观进行规约，也可以让教师知道他们应该做什么和被允许做什么，这有利于学校的稳定运行。但是在制度约束之下，我们也应该利用制度去保障和鼓励教师进行个性化教学设计，而不是用制度约束和遏制教师的个性化职业发展。最后，从学校层面来说，应该积极地营造多元、开放的学校精神，以此影响教师和全体学校成员的审美取向和精神面貌。

构建校园内部教师关系的良性互动

佐藤学认为："教师文化指教师的职业意识、专业知识与技能，感受'教师味'的规范意识与价值观、思考、感悟和行动的方式等等，即教师们所特有的范式的职业文化。"[①] 教师群体是学校成员的主体部分，具备不同教育背景、生活经历和个性特征，他们共同生活在学校组织之中，相互影响，相互依赖，一起创造着学校文化，也同时被学校文化所塑造。教师群体在共同的生活和教学过程中，逐渐形成了共同的价值观念、行为方式和职业精神，这就是教师群体文化，即教师文化。教师群体文化与个性化的教学设计与教学理念一定是存在冲突与矛盾的，所以从教学管理层面来讲，我们应该尽可能地将百家争鸣、百花齐放的理念和思想注入学校的教师群体文化中，鼓励共性背景下的个性发展和个性养成。同时我们也要积极鼓励学校中合作的教师文化，积极构建有利于教师职业发展的共同体。教师通过与朋辈之间的合作、讨论、相互学习，实现语文建构式对话教学。

---

① 佐藤学. 课程与教师［M］. 钟启泉，译. 北京：教育科学出版社，2003.

教师层面

教师教育观念的自我更新

教育观念是一定阶级或阶层的人们，在一定的历史时期内对教育的根本性问题的看法，包括对教育的本质、功能、目的、原则等的认识。教育观念在一定程度上左右着教育行为和教育实践。作为语文教师，我们要不断对自我的教育教学观念进行更新，这样才能更好地指导我们的语文教学实践，要不断树立新的学生观，保证语文教学的最终目标是促进学生的个性化发展，因为每一个学生是独一无二的，而且他们的学习过程应该是自主的、包容的和开放的。同时，教师也要不断反思自己与学生的关系，要始终把自己放在一个为学生提供学习支援的角色上，而不是知识的单向传播者。同时新课程也要求语文教师树立回归学生生活世界的课程观，从而使新课程根植于学生生活的土壤。语文课程因为独特的学科属性，无法孤立于现实生活和生活世界而抽象地存在。因此，我们要时刻把握生活、自然、社会的语文学习和教学情境，营造学生真实可感的语文情境，发挥语文学科的巨大作用。语文教师也要不断更新自己的知识观，一定要走出课程目标的知识技能取向。传统的语文课程和语文教学更加要求语文的内容本位或工具性价值。但我们应该更加关注能力体系，从多维、多层次的语文能力层级出发，综合提升语文能力各项指标。在这个过程中，在工具性之外，我们也要注重学科的人文性，注重学生在这个语文学科中的独特感受和独特体验。教师也要不断适应新课程改革、"互联网+"教育模式对自己原有知识体系的冲击，成为终身学习者，并且不断反思自己与学习者之间的互动关系，通过创新性教学来最大限度地培养学生的创新性学习意识。

重视自身反思性活动

反思活动（reflection）作为教师自我完善、自主发展的一种方式，是目前国际公认的促进教师发展的重要途径，反思活动被广泛应用于促进职前和职后教师专业发展。教师成长和发展的第一步，就是教师对自我的认识、评价和反思。反思活动不仅是教师的日常行为，更贯串教师整个职业生涯。在反思活动中，教师的实践知识逐渐增长，进而促进知识整体结构的完善。同时，反思活动已经逐渐被纳入校本课程的设计中和教师专业发展的项目中，必将成为教育改革的重要方向。舍恩认为，教师的反思活动是教师的思想与教学行为之间的对话。更具体地说，教师的反思活动是在复杂情境下对教学行为及其基础理论进行反复、连续、深入的思考过程，从而赋予教学以实践意义，探索提高实践能力的可能途径。最为重要的是，反思活动本身也是在建构主义理论下的一种教师自我发展的活动，它是一个不断解构和建构的过程，它是教师在主动学习的过程中不断对过往教学实践和知识进行解构和建构的过程。同时，部分反思活动需要在多维语境中构建。在寻找和改进教学方法的过程中，部分教师需要通过伙伴的协作关系来改变个人的工作习惯，以实现高质量的反思。

通过对以往有关教师反思的研究成果的梳理，研究者整合了赵明仁和方璇的研究成果，提出了以下几种语文教师反思的方式，语文教师可以以此审查自己的教学活动。

自我反思	在脑海中自觉反思	
	反思日志	随笔式反思日志
		主题式反思日志
		课例式反思日志
	观看自己上课的录像，发现问题	
合作反思	与学生交谈，从学生反馈中反思	
	与同事教研讨论	
	观摩其他教师授课	
	请专家评课反思	

同时，从语文教师的反思活动的内容看，许多研究者根据教学要素对反

思活动内容进行了分类，主要包括四个方面：第一个方面是对语文教师本身进行反思，包括语文教师的角色、义务和工作的准备，这就需要语文教师对语文学科的性质有深入的认识；第二个方面是语文教学过程，包括教学目标、教学内容、教学方法和教学评价；第三个方面是学生在语文学习过程中的相关情况，包括学生反馈、学生期望、学生的学习基础等；第四个方面是语文教育情境，包括家长、学校和教育问题的情境。这些方面也可以作为语文教师进行反思活动的主要"抓手"。语文教师在课堂教学活动中和课堂教学之后，都应该对自己实施建构式对话教学的理念和实践进行不断反思，以实现跃升。

注重自身的正式学习和非正式学习

我们知道，职后教师的专业发展和专业学习一直是教师教育领域关注的重点，专业发展和专业学习影响了教师的工作绩效、效能感。教师学习可以划分为正式学习和非正式学习。教师的正式学习主要包括正规的学校教育、学历教育与培训活动，它通常发生在有组织、结构化的环境中，其学习内容和过程由教育机构决定。它是一种组织严密、制度严格的培养人的活动。教师非正式学习特指由教师自主产生、自己控制的通过自我指导或非教学性质的社会交往来获取新知的学习活动，一般发生在正式学习或培训提供的课程之外。研究者通过对文献的梳理，将非正式学习分为五种：第一，通过媒体学习，即从书籍、报刊和互联网获取信息；第二，通过与同事的互动学习，即教师可以在活动、对话或讨论中相互分享想法、经验或提供建议；第三，通过与学生互动学习，教师和学生就教学方法、教学成果和学生感兴趣的话题进行交流；第四，通过与包括父母、朋友和学者在内的"利益相关者"互动学习；第五，实践反思，教师反思自己的教学实践和与他人的合作。教师在参与正式的学习活动时，可以努力提高学习效率。比如，在参加集体备课时，每一位教师都应当积极参与讨论，对课堂中学生主体性的凸显、能力的培养、重难点的突出与突破等方面发表自己独到的见解，并且积极地吸取其他教师对自己教学理念和教学设计的意见和建议。这样的交流使每位具有不同智慧水平、知识结构、认知风格的教师能互相启发、互相补充、共同提高。个人备课是做好集体备课的基础，集体备课对个人备课起到提升的作用。完整的备课过程应该是个人备课—集体备课—个人备课，这样既可以提出自己独特的教学见解，也能够借助集体备课这种正式学习的形式和他者的力量，综合提升自我建构的课堂效率、提升学生的综合素质和教科研水平，充分发挥教师正式学习的价值。再比如，教师充分利用学校组织的培训活动，吸收新的语文教学理念和教学思路。一般来说，在培训活动中，参与的主体有受训教师、有经验的教师、高校教师、区域教研员、其他学校的教师、科研助理等，他们共同形成了一个教师教育的共同体。在这一过程中，多元的主体实现了精细分工，发挥各自优势。高校研究型教师主要从课程理念、能力指向等方面对受训教师进行指导；有经验的教师作为执行专家深入受训教师的课堂，为其提供课堂教学的具体指导；区域教研员和其他学校的教师与受训教师共同研讨，为受训教师的专业发展提供新思路，同时区域教研员也能够代表教科院对资源进行调配……在这种异质化学习团队中，每个成员发挥各自所长，整合集体智慧，使这种正式学习的过程成为一个综合了解和理解一线教师、与一线教师共同发现问题和解决问题的过程。[①] 语文教师能做的，就是要充分利用这种多元化的异质性主体团队，积极将自己的想法和思路"暴露"出来，虚心请教。

　　同时，最能够使教师拉开职业发展距离的活动是教师的非正式学习。从这个角度出发，语文教师平时应该注重在各类学习平台上获取更多的资源，了解语文教育教学的最新理论，建立"工作学习化"的学习观念；善于与同事、家长等进行合理、有效的沟通，将独立学习和合作学习结合起来，善于接纳有利于个人知识结构和知识体系增长的合理化建议；同时，善于向高校教师、教研员等理论研究者虚心请教，将他们的理论构建与自己的语文教学实践相结合；同时，也要善于在课余时间与学生沟通和交流，因为学生的信息是对自己教学最直接的反馈，优秀教师应该通过学生的表现来修正、调试

---

① 杨德才. UGS 模式下教师教育共同体的基础分析 [J]. 现代交际，2019 (4)：144-145.

自己的教学，因此经常和学生交流、沟通，才能更好地实现与他们平等交流和真诚对话，也就能建构起自我的个性化语文教学思路。

其他层面

充分发挥优秀语文教师的辐射带动作用

环境对人的影响是巨大的，在同一个教育环境中，其他语文教师对于自身的影响也是非常重要的，属于"重要他人"的角色。他们的一些关键性教学行为或非正式情境下的言论，都可能成为带动某些语文教师对自身教学理念和教学行为进行完善的"关键性事件"。因此，我们要充分鼓励语文教师的个性化成长和个性化教学活动，使更多的语文教师，尤其是青年教师有更广阔的发挥和发展平台，让他们在广阔的平台上，充分利用各类资源实现其语文建构式对话教学的实践。同时在这一过程中，无论是作为教育管理者还是同事，我们都应该给予其最真诚的建议，帮助他们实现更加多元化、更具包容性的语文建构式对话教学实践。我们也应该重视这类优秀语文教师的辐射带动作用。比如，为他们提供一些机会和平台，使他们更容易把自己比较新的个性化教学理念传递给其他教师，并且为这些教师提供沟通、互动机会，彼此调试，共同建构，综合提升自己的语文教学能力和语文教学素养。我们还可以将一些成熟的建构式对话教学案例和理念在正式的学习活动中传递下去，比如，集体备课、学校培训等，让大家进行公开研讨，形成传递效应。我们应尽最大努力为青年语文教师提供可参考、可借鉴的案例，帮助他们在未来的语文教育教学活动和理念生成中，建构属于他们的独特的语文建构式对话教学的发展路径。

将研究重心聚焦在多学科理论建构上

现阶段，无论是教育研究者还是一线教育工作者，我们首先应该尽可能去搭建建构式对话教学的理论框架，融合多个学科的教学实践和教学经验，建构适用于本学科内部和知识结构的建构式对话教学理论。我们可以从心理学、社会学等研究领域借鉴相关经验，设计建构式对话教学的测量问卷，并从科学的角度对建构式对话教学进行测量和统计，从大数据的角度对其进行分析和整理，得出普适性规律，使理论研究更加严谨、规范。我们也可以对教学实践进行定量研究，可以通过个案调查和纵向研究的方法探讨建构式对话教学的发展特征，帮助青年教师尽快适应和掌握这种新型教学方式。

家校联动，共同促成语文建构式对话教学的实现

家校联动指家庭和学校作为两个不同的教育主体，具有平等的教育地位，在实现学生全面发展共同目标的过程中，学校对家庭进行引导，家长配合学校工作，二者互为补充、互相信任，确保教育效果达到最优化的联合行动。[①]在家校联动模式中，我们要做到站在一个与学生平等、真诚对话的位置上，打消学生的疑虑，加深他们对家校联动模式的认识。不要让他们产生畏惧感，认为这种模式是老师和家长联合起来管教他们，而应该形成三方互动的机制，使老师、学生和家长三方面形成对话的态势，倾听、尊重孩子的诉求，结合他们的实际情况，与他们共同完成某一个学科的学习任务。我们也要建立一定的沟通渠道和平台，与家长定期沟通，转变他们的观念，配合我们的工作和学生的学习。尤其要明确我们两方的协同责任，因为学生在面对一些不确定的情境时，会产生一些心理上的波动或者是认知上的困扰，这时候我们和家长要明确分工，优势互补，共同帮助学生解决他们在实际学习和生活中遇到的困难和问题。并且帮助家长转变已有的思路，让他们在日常与孩子的沟通中也能做到真诚与平等。要善于创建有助于家校联动的相关情境，这种由教师、学生和家长三方面参与的情境和活动，有助于提升学生和家长对这种模式的信任。也可以通过"三方交流—三方会诊—三方解决"的路径，取得最大效益，综合提升学生的语文素养。

---

① 谢思佼. 中学思想政治教育中的家校联动研究［D］. 大连：辽宁师范大学，2017.

出 版 人　李　东
责任编辑　代周阳
版式设计　宗沅雅轩　孙欢欢
责任校对　张晓雯
责任印制　叶小峰

图书在版编目（CIP）数据

聊着天儿教语文：语文建构式对话教学理论及实践 /
赵慧著. —北京：教育科学出版社，2021.5
　　ISBN 978-7-5191-2619-3

　　Ⅰ.①聊…　Ⅱ.①赵…　Ⅲ.①中学语文课—教学研究
Ⅳ.①G633.302

　　中国版本图书馆 CIP 数据核字（2021）第 091520 号

聊着天儿教语文——语文建构式对话教学理论及实践
LIAOZHE TIANR JIAO YUWEN——YUWEN JIANGOUSHI DUIHUA JIAOXUE LILUN JI SHIJIAN

出 版 发 行	教育科学出版社		
社　　　址	北京·朝阳区安慧北里安园甲 9 号	邮　　编	100101
总编室电话	010-64981290	编辑部电话	010-64989422
出版部电话	010-64989487	市场部电话	010-64989009
传　　　真	010-64989419	网　　址	http://www.esph.com.cn
经　　　销	各地新华书店		
制　　　作	北京金奥都图文制作中心		
印　　　刷	中煤（北京）印务有限公司		
开　　　本	720 毫米×1020 毫米　1/16	版　　次	2021 年 5 月第 1 版
印　　　张	15	印　　次	2021 年 5 月第 1 次印刷
字　　　数	215 千	定　　价	59.80 元